파시
波市

문화의 길 001
바다의 황금시대
파시
ⓒ 강제윤 2012

초판 1쇄 인쇄 2012년 11월 8일 초판 1쇄 발행 2012년 11월 15일
지은이 강제윤 **펴낸이** 이기섭 **기획** (재)인천문화재단 **편집** 최광렬 **마케팅** 조재성 성기준 정윤성 한성진 정영임
관리 김미란 장혜정 **디자인** 오필민 디자인 **펴낸곳** 한겨레출판(주) **등록** 2006년 1월 4일 제313-2006-00003호
주소 121-750 서울시 마포구 공덕동 116-25 한겨레신문사 4층 **전화** 02)6383-1602~3 **팩스** 02)6383-1610
홈페이지 www.hanibook.co.kr **이메일** ckr@hanibook.co.kr

값은 뒤표지에 있습니다. 파본이나 잘못된 책은 서점에서 바꾸어 드립니다.

ISBN 978-89-8431-623-2 04080

문화의 길
총서
01

바다의
황금시대
파
시

글·사진 강제윤

한겨레출판

프롤로그

바다의 황금시대
오아시스이자 신기루,
파시

"매년 봄, 여름 고기잡이철이면 각 고을 장삿배가 안개처럼 구름처럼 몰려들어 바다 위에서 사고판다."
— 이중환 『택리지』 중에서

"법성포 서쪽 칠산 바다에는 배를 댈 곳이 없고…… 해마다 고기가 많이 잡혀 팔도에서 수천 척의 배가 이곳에 모여 고기를 사고파는데 오가는 거래액이 가히 수십만 냥에 이른다. 가장 많이 잡히는 것은 조기로, 팔도에서 모두 먹을 수 있다."
— 오횡묵 『지도군총쇄록』 중에서

바다 위의 시장, 파시(波市)는 본래 어류를 거래하기 위해 열리던 해상시장이었다. 『세종실록지리지』에 영광 '파시평(波市坪)'이 등장할 정도로 파시의 역사는 길다.

과거 성어기가 되면 고기잡이배들이 조업하는 어장에 상선들이 몰려들었다. 어선들은 생선을 팔았고 상선들은 식량이나 땔감 따위를 팔

았다. 어선과 상선들이 뒤엉켜 서로 사고파는 해상시장이 파시의 출발이었다. 하지만 어선과 상선이 많아지고 어획량이 늘어나면서 시장이 차츰 어장 근처의 섬이나 포구 등으로 옮겨갔다. 파시는 어판장과 선구점, 음식점, 술집, 잡화점, 숙박시설, 각종 기관 등까지 갖추어진 성어기의 임시 촌락으로 발전했고 어업 전진기지 역할을 겸했다.

파시는 조기, 민어, 고등어, 삼치 등 무리를 지어 이동하는 회유(回游)성 어류들로 인해 번성했다. 어선들은 산란장과 먹이를 찾아 회유하는 어군(魚群)을 쫓아다녔다. 상인들은 어선들을 쫓아가며 장사를 했다. 2월 하순 동지나해에서 월동한 조기 군단이 흑산도 바다에 나타나면 흑산도 예리항에 조기파시가 섰다. 흑산 바다를 떠나 북상한 조기떼가 칠산 어장에 도착하는 4월이면 상인들도 이동해 부안군 위도에 파시를 열었다. 연평 바다에 조기떼가 찾아와 산란하는 5월 초면 연평도에도 어선과 상선들이 몰려들고 파시가 섰다.

파시는 어류와 어선들을 따라 이동하며 생성과 소멸을 거듭했다. 임시성과 이동성이 파시의 가장 중요한 특징이었다. 서해안 3대 파시로 유명한 흑산도, 위도, 연평도 파시 외에도 성어기가 되면 전국 각지의 섬과 포구에 파시가 형성됐다. 서남해에는 법성포·녹도 조기파시, 가거도·추자도 멸치파시, 덕적도·굴업도 민어파시, 재원도 민어·부서파시, 비금도 강달이파시, 어청도 고래파시, 거문도 삼치파시, 청산도 고등어파시, 조도 섬등포 꽃게파시 등이 열렸고 동해안에도 울릉도와 영덕의 축산항에 오징어파시가 섰다.

  파시는 보통 한두 달 정도 계속됐다. 섬마을에 파시가 서면 수백, 수천 척의 어선과 상선이 드나들고 작고 한가롭던 섬은 수천, 수만 명의 사람들로 흥청거렸다. 무엇보다 유흥업소가 성시를 이루었다. 구멍가게 하나 없던 섬에 수십 곳, 많게는 100여 곳의 색주집이 생기고 '물새'라 불리던 작부들 수백 명이 들어와 선원들의 주머니를 노렸다. 섬은 밤낮 없이 술과 여자와 돈과 싸움질과 온갖 비린내로 진동했다. 많은 선원들이 어렵게 번 돈을 쉽게 탕진했다. 짧은 시간, 작은 공간에서 온갖 인간사가 파노라마처럼 펼쳐졌다. 하지만 물고기떼가 떠나고 나면 어선도 사람도 순식간에 자취를 감춰 버렸다. 그렇게 작은 섬에 해마다 한 번씩 해상 도시가 생겼다가 사라졌다. 파시는 외지에서 유입된 선주와 객주, 상인들에게는 큰 이익을 주었지만 그 이익은 대부분의 섬 주민과는 무관했다. 바다의 황금시대. 파시는 오아시스인 동시에 신기루였다.

어선들이 들어오는 시간, 항·포구에 잠깐씩 서는 파시를 제외하고 이제 더 이상 파시는 없다. 회유하던 어류의 소멸과 무분별한 남획에 따른 어획량 감소, 어업기술의 발달로 더 이상 중간 기항지가 필요 없게 된 것 등이 임시 이동 촌락 '파시'가 사라진 주된 이유다. 이제 파시란 말은 더 이상 우리에게 일상어가 아니다. 한때 그토록 화려하고 융성했던 어업문화의 흔적은 사라졌다. 섬에 가면 간간이 노인들의 기억 속에 편린으로만 남은 파시의 추억담을 엿들을 수 있을 뿐이다.

때마침 (재)인천문화재단으로부터 인천 지역 파시의 기억을 복원하는 작업에 함께하자는 연락이 왔다. 그 덕에 한동안은 내내 시간 저편의 '파시' 마당에서 살 수 있었다. 과거 인천 바다는 한국 최대의 어장 중 하나였으며, 가장 중요한 파시의 무대였다. 기획은 인천 지역 파시

의 기록이지만 파시의 실체에 더 가까이 접근하기 위해 대연평도와 소연평도, 덕적도, 굴업도, 소래 등 인천뿐만 아니라 추자도와 법성포, 안마도, 송이도, 임자도, 재원도 등 과거 파시가 번성했던 타 지역들까지 찾아다녔다. 어느 곳이나 파시는 30~40년 전에 이미 끝났다. 성어기에 가건물을 짓고 잠깐 열렸다가 사라지곤 하던 파시의 속성상 유물이나 유적이 있을 리 만무했다. 또한 선주와 선원, 상인 등 파시의 주역들 대부분은 이 세상 사람이 아니었다. 남아 있는 기록은 많지 않고 얼마 되지 않는 파시 경험자들은 늙어 기억이 희미했다. 늦었지만 그 분들이 살아 있을 때 찾아가 만날 수 있었던 것만도 행운이었다. 이 책에 실린 내용은 『경인일보』에 연재했던 글들을 보충한 것이다. 취재에 도움을 주고 증언을 해 주신 모든 분들께 감사드린다.

2012년 10월

강제윤

차례

프롤로그 5   참고 지도 13

1부 연평도의 황금시대

- 수백억 조기 군단이 몰려오던 연평도 17
- 서해안을 바늘로 꿰라면 꿴다 25
- 조기가 마술을 부리나 보죠 32
- 햇빛과 바람, 밤이슬 맞으며 변신하던 굴비의 고장 41
- 한 배를 타면 천 배를 건너다녔다 50
- 사월 초파일은 연평도 조기 생일 58
- 연평 바다로 돈 실러 가세 66
- 목선에서 장작불로 밥해 먹고 바닷물로 세수하고 73

- 연평도 어업조합 전무 하지 황해도 도지사 안 한다 81
- 연평도 조기의 신 임경업 장군 88
- 기생놀음에 날 새는 줄 모르던 작사판 97
- 완전 무법이야, 무법천지 104
- 연평도와 하인천 어시장 113
- 연평도 황금시대의 종말 120

2부 인천 최고의 어장 덕적도

- 신선의 섬, 민어의 고장 131
- 능구렁이 울면 비가 오고 138
- 쟁기로 바다 밭을 갈던 어민들 145
- 민어떼가 몰려들면 바다가 온통 뻘갰다 154
- 1936년 8월, 민어의 어기로 덕적도 대혼잡 161
- 덕적도 선주들은 돈을 포대로 담아 놓고 썼다 168
- 굴업도 앞바다가 인천 항구 같았어 176
- 굴업도는 정거장이었어, 전국의 배들이 여기서 다 잡아 갔지 183

3부 저무는 소래포구에 새우젓 배 들어오면

- 도시의 섬, 추억을 파는 소래포구 193
- 새우젓 배 들어오면 파시가 서고 201
- 피난민들이 소래포구 어업 발달 이끌어 209
- 총각은 새우를 먹지 말라 216
- 목숨 걸고 새우를 잡던 시절 223
- 소래가 다 뻘바탕이라 길바닥이 모두 뻘거덕 뻘거덕 했지 233
- 월동을 대비해 살이 오른 가을 꽃게도 일품 241
- 대동굿은 사라지고 교회에서 출어 예배 249

에필로그 258   참고 문헌 268   인터뷰에 응해 주신 분들 270

참고 지도

일러두기

- 이 책은 2009년 2월 27일부터 2009년 10월 7일까지 『경인일보』에 연재된 내용을 재편집, 수정하여 엮었습니다.
- 저자 제공본 외에 이 책에 사용된 사진은 그 출처를 밝혔습니다. 저작권은 해당 출처에 있습니다.

1부

- 수백억 조기 군단이 몰려오던 연평도

- 서해안을 바늘로 꿰라면 꿴다

- 조기가 마술을 부리나 보죠

- 햇빛과 바람, 밤이슬 맞으며 변신하던 굴비의 고장

- 한 배를 타면 천 배를 건너다녔다

- 사월 초파일은 연평도 조기 생일

- 연평 바다로 돈 실러 가세

- 목선에서 장작불로 밥해 먹고 바닷물로 세수하고

- 연평도 어업조합 전무 하지 황해도 도지사 안 한다

- 연평도 조기의 신 임경업 장군

- 기생놀음에 날 새는 줄 모르던 작사판

- 완전 무법이야, 무법천지

- 연평도와 하인천 어시장

- 연평도 황금시대의 종말

연평도의 황금시대

사월 초파일은 연평도 조기 생일.

어부들은 연평 바다에 돈 실으러 나갔다.

쟁기질로 바다 밭을 갈고

한 배를 타면 천 배를 건너다녔다.

연평도 어업조합 출납고가

한국은행 출납고보다 많았다던 파시.

출어 전날은 꿈속에서

여자를 보는 것도 금기로 여겼지만

만선의 귀항 뒤에는 기생놀음에

날 새는 줄 몰랐다.

수백억
조기 군단이
몰려오던
연평도

기다림의 후예들

　　　　　섬은 기다림의 연속이다. 여객선을 기다리고, 줄어할 물때를 기다리고, 폭풍이 멈추길 기다린다. 섬사람들은 기다림의 자손이다. 기다림을 견딜 수 없는 사람은 섬 왕국의 시민권자가 될 수 없다. 섬에서의 삶은 시간을 견디는 일이다. 육지의 시간과 섬의 시간은 다르다. 지상 어디에도 절대적인 시간은 존재하지 않는다. 공간마다 각기 다른 시간이 흐른다. 사람은 시간을 계량해서 시계를 만들고, 시간을 시계 안에 가두어 두기도 하지만 그것은 그저 사람들끼리의 약속일 뿐 우주의 시간을 가늠할 수 있는 계측기는 세상 어디에도 없다.
　섬의 시간은 느리다. 더러 정조(停潮) 시의 물결처럼 정지하기도 한다. 시간이 정지해 있는데 몸과 마음이 바쁘다 해서 섬을 벗어날 방도는 없다. 정지된 시간을 다시 움직이게 만드는 것은 사람이 아니다. 섬의 주재자는 오로지 대자연의 법칙이다. 저 바다와 바람과 구름과 달과 태양. 사람은 다만 섬의 시간이 이끄는 대로 따를 뿐, 시간의 지배를 거역할 수 없다.

바람이 거세진다. 바람이 섬의 시간을 흐르게 할 것인지 멈추게 할 것인지 사람인 나는 짐작조차 할 수 없다. 바람 앞에서 사람은 그저 처분을 기다리는 죄수에 불과하다. 사람이 과학기술의 위세를 빌려 지구 행성의 지배자라도 되는 양 오만을 떨지만 섬에 와서야 비로소 깨닫는다. 사람은 여전히 바람 앞의 등불이다. 수만 톤의 배도 대양을 가르는 태풍 앞에서는 한 가닥 가랑잎에 지나지 않는다.

등댓불은 꺼지고

오랫동안 꿈꾸던 연평도로 간다. 내가 연평도란 이름을 처음 들은 것은 소년 시절 최숙자의 노래 〈눈물의 연평도〉를 통해서였다. 그날 이후 나는 어떤 알 수 없는 힘에 이끌려 고향도 아닌 연평도에 향수를 품고 살았다. 그러므로 나의 연평도행은 30년 만의 '귀향'이기도 하다.

조기를 담뿍 잡아 기폭을 올리고
온다던 그 배는 어이하여 아니 오나
수평선 바라보며 그 이름 부르면
갈매기도 우는구나 눈물의 연평도……

―〈눈물의 연평도〉 중에서

애틋한 가사와 애절한 곡조, 그때 중학생이던 나는 팝송보다 트로트에 '꽂혀' 있었고 테이프가 늘어지도록 〈황성옛터〉나 〈선창〉, 〈이별의 인천항〉과 〈눈물의 연평도〉를 듣고 또 들었다. 〈눈물의 연평도〉를 만든 것은 1959년 태풍 '사라'였다. 그때 연평도 어장으로 조기잡이 나섰던 수많은 어부들은 끝내 살아 돌아오지 못했다. 연평도 등대 공원 입구에는 〈눈물의 연평도〉 노래비가 서 있다. 하지만 연평도 등대는

파시의 시대는 가고 이제 연평도는 한적한 어촌의 풍경이다.

 더 이상 등대가 아니다. 유물이 되어 버린 등대. 등대는 빛을 잃은 지 오래다. 1960년 3월 첫 점등 이후 수많은 조기잡이 배들에게 생명의 등불이었던 등대는 1974년 안보상의 이유로 일시 소등됐다가 1987년, 영영 용도 폐기되고 말았다.

5천여 척의 배가 몰려들던 연평 파시

 오랜 세월 연평도는 조기의 섬이었다. 영광의 칠산 바다와 함께 연평도 근해는 황해 최대의 조기 어장이었다. 그때는 동해의 명태만큼이나 황해에도 조기가 지천이었다. 해마다 봄이면 연평

1960년대 연평도 파시에 몰려든 수천 척의 어선들. 왼쪽 아래는 연평도 어업조합 건물이다.

도는 조기떼 우는 소리에 잠을 설쳤다. 바다에는 조기가 '버걱버걱'했다. "조기 한 바가지, 물 한 바가지"는 은유나 과장이 아니었다. 1960년대 후반까지도 봄철 연평 바다는 수천 척의 배들로 성황을 이루었다. 어선들이 몰려오면 연평도에는 파시가 섰다. 조기떼의 이동을 따라 임시로 형성되는 시장, 파시(波市). 파시 때면 선구와 생필품을 파는 상점들이 들어서고 어선을 쫓아온 '물새떼'가 어부들을 유혹했다. 전성기에는 색주가 100여 곳에 '물새'라 부르는 작부들이 500명도 넘었다. 파시 동안 작은 섬 연평도는 수만 명의 사람들로 밤낮 없이 흥청거렸다.

1910년에는 황해, 경기, 평안도 등지에서 300여 척 이상의 중선 배들이 몰려들었고, 1936년에는 조기 안강망(鮟鱇網) 어선 1,000척과 봉선(蓬船) 700척, 운반선 300척 등 2,000여 척의 선박이 성황을 이루었다. 연평도는 새우(白蝦) 어장으로도 유명했다. 1936년 8월 2일 자 『매일신보』는 조기파시가 끝난 후에도 연평도에 몰려든 새우잡이 어선이 600여 척에 이른다고 보도했다. 새우는 연평도 어업조합과 용매도 어업조합이 공동으로 건조해서 중국이나 인천 등지에 팔았다.

『매일신보』는 파시가 절정에 달한 1943년 4월 말, 연평도에 어선 2,000척과 운반선, 상선 등을 합해 무려 5,000여 척의 배들이 몰려들었다고 기록하고 있다. 1944년 연평도의 조기 어획량은 97억 마리나 됐다. 『동아일보』는 1946년 봄, 연평 바다에서 무려 297억 마리의 조기가 잡힐 것이라는 예상 기사를 내보냈다. 1947년 파시 때 연평도 어장에 동원된 어부들은 연인원 9만 명에 달했다.

파시를 찾아 떠나는 시간여행

하지만 어느 순간 연평 어장에서 그 많던 조기떼가 거짓말처럼 자취를 감추고 말았다. 조기떼가 홀연히 사라진 것은 1960년대 말이었다. 비슷한 시기 칠산 어장에도 조기가 나타나지 않았다. 오랜 세월 대규모 선단이 어린 새끼들까지 잡아들인 남획의 결과였다. 무차별 포획이 계속되자 멸종의 위험을 감지한 조기떼는 더 이상 사지를 찾아들지 않고 바다 깊숙이 숨어 버렸다. 혹시나 돌아올까 기다리는 어부들도 있었지만 조기떼는 소식이 없었다. 조기가 떠나

굴을 깨는 할머니는 연평도의 화려했던 옛 시절이 그립다.

자 어선들도 사람들도 더 이상 연평도를 찾아오지 않았다. 조기떼의 소멸과 함께 오랜 역사를 이어온 연평도 파시도 끝났다. 조기들은 모두 어디로 떠나간 것일까. 40여 년의 세월이 흘렀다. 여전히 연평도 어장에는 조기 군단이 돌아올 기미조차 보이지 않는다. 세월 따라 사람은 늙어가고 파시에 대한 기억도 점점 희미해져 간다. 그 시대를 경험했던 노인들 모두 이승을 떠나고 나면 연평도의 황금시대는 흔적 하나 남지 않을 것이다. 한 시대의 문화가 허망하게 사라지는 것은 애석한 일이다. 더 늦기 전에 파시의 기억을 채록해야 하는 것은 그 때문이다. 지금 조기들은 동지나해에서 출발해 한반도 서쪽 바다를 회유하던 습성을 버리고 추자도나 흑산도, 가거도 근해까지만 회유한다. 그 사이 조기의 어획량은 대폭 줄었고 굴비는 서민들이 접하기 어려운 고가의 음식이 되어 버렸다. 수조기나 부서, 백조기 등이 노란 물감을 먹고 조기나 굴비로 둔갑하기도 했다. 이제 조기는 동지나해와 제주도와 추자도, 가거도와 흑산도, 홍도 근해에서만 잡힌다.

이번 여행의 최종 목적지는 '연평도 조기파시'다. 하지만 '파시'는 더 이상 현실에 존재하지 않는다. 지상에는 없는 곳, 이미 사라진 시공간을 찾아가는 여행. 여행은 필연적으로 시간여행이다. 시간여행자가 과거로 돌아가려면 타임머신을 타고 타임터널을 통과해야 할 터, 대체 어디서 찾을 것인가. 노인들, 과거에서 온 조력자들의 도움만으로 가능할까. 조기파시에 도착하기 위해서는 조기의 등이라도 타고 시간의 바다를 건너야 하는 것은 아닐까. 목포와 군산, 부산, 여수 등지로도 조기배가 들어온다. 그러나 새로운 조기잡이의 메카는 제주 한림항과 추자도. 나그네는 타임터널을 찾아 제주행 비행기에 서둘러 몸을 실었다.

서해안을
바늘로
꿰라면
꿴다

제주 한림항, 조기잡이의 새로운 메카

2008년 10월 30일 오후, 제주 한림항은 조기잡이 유자망 어선들로 꽉 들어차 빈틈이 없다. 조업에서 돌아온 어선들은 배의 냉장창고에서 조기 상자들을 내린다. 포획된 조기는 수협 위판장으로 옮겨져 새벽 경매를 기다린다. 선원들은 출어를 위한 그물 손질에 바쁘다. 내일 아침이면 저 어선들은 바다로 나가 다시 그물을 내리고 조기떼를 기다릴 것이다. 한림항으로 드나드는 조기잡이 배들은 대부분 30~40톤급 유자망 어선들이다. 유자망 어선은 수심 100m까지 그물을 내려 조기떼를 잡아들인다. 요즈음 한림항에서 위판을 하는 유자망 어선은 70여 척, 그중 60여 척은 추자도 선적이고 한림 배는 10척 정도다. 제주 조기는 추자도 배가 다 잡는다 해도 과언이 아니다. 39톤, 380마력의 추자도 선적 유자망 어선 봉신호에서는 9명의 선원들이 일한다. 선원 대부분이 동남아에서 온 이주노동자다.

봉신호는 흑산도 근해에서 4일간의 조업을 마치고 돌아왔다. 만선은 아니지만 제법 많은 어획고를 올렸다. 한림항에는 어제 들어왔으나 바로 위판하지 못했다. 800평에 불과한 한림수협 위판장에서는 하루 7척의 배밖에 소화하지 못한다. 배가 밀릴 때는 조업이 끝나고도 며칠씩 기다리기 일쑤다. 보통 봉신호 정도 크기의 배에서는 11~12명의 선원이 조업을 해야 적당하지만 선원이 부족하다. 그래서 그물에 걸린 조기들은 배에서 다 따내지 못하고 그물째 냉장보관한 뒤 한림항으로 싣고 와 딴다. 조기 따는 작업은 한림 지역 주민들의 몫이다.

봉신호 김광현 기관장은 벌써 25년째 추자도 조기잡이 배만 탔다. 기관장은 가족들이 제주에 살지만 한림에 들어와도 얼굴 보기 힘들다. 비어기인 여름에 보름 동안 얼굴을 보는 것이 연중 가장 길게 가족들을 만나는 때다. 선주 김석만 씨는 "서해안을 바늘로 꿰라면 꿸 정도로 잘 안다"고 자부한다. 그는 50년 전부터 배를 탔다. 흑산도와 위도, 법성포, 연평도 파시까지 안 가 본 곳이 없다. 선주는 연평과 칠산 어장에서 조기가 사라질 때까지 거르지 않고 다녔다. 나중에는 흑산도나 가거도 등지로 옮겨가며 조기를 잡았다. 그가 조기파시에 다니던 시절에는 그물코가 74mm 이상이었다. 지금은 대부분 52mm를 쓴다. 어린 새끼들까지 걸릴 정도로 그물코가 작아졌다. 추자 사람들은 오랫동안 추자 바다 속에 조기가 사는 것을 몰랐다. 육지의 저인망 배들이 조기를 잡아가는 것을 목격한 뒤에야 비로소 연평과 칠산 어장에서 사라진 조기떼가 추자 바다 깊이 숨어 살고 있다는 사실을 알게 됐다.

출어를 앞두고 한림항에서 어부들이 조기잡이 그물을 배에 올리고 있다.

조기떼는 칠산 바다나 해주 근해 얕은 바다에서 산란하던 습성까지 바꿔가며 생존법을 찾아냈다. 하지만 사람의 기술이 심해에 숨어든 조기떼까지 찾아내자 조기들은 또 한 번 생존법을 바꿨다. 과거 조기들은 적어도 5년 이상의 성체가 돼야 산란이 가능했다. 하지만 조기들은 그렇게 오랜 시간을 기다릴 여유가 없어졌다. 멸족의 위험을 피하기 위해서 산란 시기를 대폭 앞당긴 것이다. 이제는 어미도 알을 배고 새끼도 알을 밴다. 2년생에 불과한 어린 조기들까지 산란을 한다.

과거 칠산, 연평 어장의 조기잡이 철은 봄이었다. 하지만 제주의 조기잡이는 가을인 9월부터 본격화된다. 첫 출어 때는 8시간이 넘게 걸리는 동지나해의 252해구까지 조업을 나간다. 9월 중순이면 조기떼가

조기잡이 어부들은 항구에 돌아와도 출어 준비에 바빠 가족들을 만날 시간도 없다.

3시간 거리인 231해구까지 올라온다. 10월이면 조기떼는 제주와 가거도, 흑산도, 홍도, 추자도 근해까지 몰려든다. 그때부터 이듬해 5월까지 머물며 살아간다. 6월부터는 조기들이 자취를 감추고 8월까지 모습을 보이지 않는다. 어선들은 9월부터 11월까지 석 달간 가장 많은 어획량을 기록한다. 어부들에게는 '된 대목'인 이때 총 어획고의 80% 이상을 올린다. 가을 조기는 알이 없다. 11월 말경이면 조기들이 물알을 배기 시작하고 봄이 돼야 알은 단단해진다. 이때 잠깐 잡히는 알배기 조기는 양이 적지만 단가는 두 배 이상 된다.

조기 선별에 날이 새는 위판장

밤 10시, 한림수협 위판장은 조기 선별작업이 한창이다. 다음 날 새벽 5시부터 시작되는 위판 시간 전에 작업을 끝내야 한다. 지게차가 조기들을 옮겨 주면 한 선별대당 14~15명씩의 여성 노동자들이 들러붙어 분류 작업을 한다. 조기들은 크기에 따라 상자당 75마리, 130마리, 깡치, 깡깡치 등으로 분류되어 나무 상자에 담긴다. 깡치는 상자당 155~160마리, 깡깡치는 그보다 더 작은 조기들을 이르는 말이다. 130마리짜리도 몸길이가 20cm도 못 되는 2년생 미만의 어린 조기들이다. 나무 상자에 가지런히 쌓인 조기들은 모두 누런 배를 위로 드러내고 누웠다. 배를 위로 세우는 것은 빛깔을 자랑하기 위해서가 아니다. 아래로 놓으면 배가 처져서 터질 수 있기 때문이다.

2008년 10월 31일. 한림수협에서는 130마리짜리 참조기가 상자당

한림수협 위판장. 조기를 크기에 따라 분류하는 손길이 바쁘다.

61,000원~74,000원 사이에 낙찰됐다. 제법 굵은 75마리짜리는 상자당 350,000원~390,000원으로 껑충 뛴다. 깡치는 29,000원~33,000원. 깡깡치는 19,000원~21,000원에 불과해 멸치 값보다 못하다. 한림수협 77번 중매인 조문형 씨에 따르면 추자도 근해에서 참조기가 대량으로 쏟아지기 시작한 것은 4년 전부터다. 과거에는 상자당 50마리도 흔했는데 지금은 아무리 커 봐야 75마리다. 트롤 어선들도 조기를 잡지만 근래 4년 동안은 유자망 어선이 조기를 가장 많이 잡는다. 어선들이 어군 탐지기를 이용해 동지나해까지 쫓아 내려가 조기를 잡고 또 제주, 흑산 근해에서 중간 길목을 막고 잡아들이니 칠산이나 연평도까지 올라갈 조기는 더 이상 없다. 한림수협에서 위판된 조기들의 90% 이상은 법성포로 가서 영광굴비가 된다.

"굴비로 엮어야 마진이 남지요. 이 단가로 노량진 수산시장 가서는 본전도 못 해요."

법성포의 상인들은 중매인을 통해 조기를 확보한 뒤 수협 창고에 냉동시켰다가 실어간다. 한림수협에 따르면 2007년에 최고의 어획고를 올린 조기잡이 배는 30톤급의 88대양호다. 무려 13억 원의 매출을 올렸다. 선주의 이익은 매출액의 25%. 배 한 척의 수입이 거의 로또 수준이다. 어선들이 기를 쓰고 조기를 잡으려 달려드는 것이 바로 그 때문이다.

조기가
마술을
부리나
보죠

조기 섬, 추자도

  2008년 11월 1일, 상추자도 대서리. 추자항 주변 물양장에서는 조기 따는 작업이 한창이다. 연안유자망 어선 해창호(7.03톤)도 부두에 정박 작업 중이다. 오늘 해창호는 추자와 제주 사이의 바다에서 조업했다. 해창호는 조기가 걸린 그물을 그대로 싣고 입항했다. 품팔이를 나온 마을 여자들과 선원들 12명이 일렬로 서서 배에 실린 그물을 뭍으로 끌어당기며 조기를 딴다. 조기들이 과일처럼 주렁주렁 매달려 있다. 추자도 역시 올해 조기는 잘다. 오늘 해창호의 어획량은 200여 상자. 잡어는 추려 내고 조기만 한 곳으로 모은다. 모든 작업을 마치려면 7~8시간은 족히 걸린다. 그물에서 따낸 조기는 깨끗이 세척한 뒤 얼음물에 한 시간 남짓 재워 둔다. 신선도를 유지하기 위해서다. 그 후에는 다시 꺼내 나무 상자에 넣고 얼음을 채운다. 하루 정

주자묘 조기잡이 배가 그물에 걸린 조기를 싣고 귀항했다.

도 지나면 조기의 몸이 더욱 노란 빛깔로 변한다고 한다. 이유를 물으니 해창호 선주 부인의 대답이 걸작이다.

"조기가 마술을 부리나 보죠."

낚싯줄 재료인 경심줄로 만든 그물은 그 자체가 바늘 없는 낚시다. 조기들은 낚시가 아니라 그물에 낚인다. 그물코에 머리가 걸린 조기들은 오도 가도 못 하고 발버둥치다 생을 마감한다. 조기 따는 작업장 옆에서 선주 부인이 저녁상을 차린다. 삼치와 조기찜, 돼지김치찌개, 방어전, 고등어회까지 한 상 가득 푸짐하다. 선주 부인이 나그네에게도 저녁을 권한다. 허기진 나그네는 염치없이 합석한다. 돼지고기를 먹지 않는 인도네시아 출신 무슬림 어부를 위해 선주 부인은 해물된장찌개를 따로 끓였다.

바다의 수호신 '배서낭'

해창호 선장 겸 선주 지의석 씨는 30년 동안 배를 탔다. 1996년 4월, 배를 새로 지으면서 횡간도의 박수무당을 모셔다 뱃고사를 지내고 배서낭을 모셨다. 연평도 어업의 신은 임경업 장군이지만 추자도는 최영 장군이 신이다. 최영 장군 사당에도 일 년에 한 번씩 제를 올린다. 그때는 한 해 동안 부정한 일을 저지르지 않은 사람 중에 제주를 뽑는다.

배에는 수호신인 배서낭을 모셨다. 지금은 금기들이 거의 없어졌으나 옛날에는 배에 모시는 서낭에 따라 금기도 많았다. 대부분은 여신을 서낭으로 모시지만 다른 동물들을 서낭으로 모시는 경우도 있었다. 뱀을 서낭으로 모신 배의 경우 제사를 지낼 때 돼지고기 대신 명태나 계란 등을 제물로 올렸다. 뱀과 돼지는 상극인 까닭이다. 뱀과 생김이 비슷한 장어를 먹는 것도 금기시됐다. 배에서는 닭고기를 먹으면 안 됐다. 계란도 실을 수 없었다. 깨지는 것은 어떤 것도 실을 수 없었다. 비슷한 것끼리 감응한다고 믿는 유감주술, 깨진다는 것은 파선을 의미한다. 난파에 대한 불안이 그런 금기를 만든 것이리라. 하지만 지금은 배에서 닭볶음탕도 먹고 계란말이도 해 먹는다. 풍어를 예측하고 조난을 피해갈 수 있는 GPS와 레이더, 어군탐지기 등의 첨단 장비들이 갖춰지면서 자연스럽게 금기가 사라진 것이다.

하지만 배서낭을 정성껏 모시는 풍습만은 여전하다. 첨단장비가 있어도 뱃사람들의 마음 한쪽에 자리한 불안을 완전히 떨칠 수는 없다. 배를 새로 짓게 되면 기존의 배에서 모시던 배서낭을 내려 불살라 버리고 다시 모신다. 뱃고사는 첫 출어 때 한 번 지내는 것이 보통이지만 어장이 잘 안 되는 경우 몇 차례 더 지내기도 한다. 처음 잡힌 생선은 배서낭께 바친다. 배에 사고가 나면 무엇보다 먼저 배서낭을 바다로 던진다. 그래야 인명 피해가 없다고 믿는다. 배를 지켜내지 못한 배서낭은 언제든지 버림받을 수 있는 것이다. 신도 제 역할을 제대로 할 때만 신이다. 섬사람들은 신에 대해서도 주체적이다. 그런 면에서 우리의 토속 신앙은 고통을 주는 신까지도 신으로 떠받들어야 하는 서양의 종교에 비해 얼마나 합리적인가.

조기 중에서도 유자망 어선으로 잡은 조기들이 최상품의 굴비가 된

배서낭을 정성껏 모시는 관습은 아직 남아 있다.

다. 자루그물에 함께 잡히는 저인망이나 안강망 조기들은 서로 부딪치면서 비늘이 벗겨져 버린다. 조기는 비늘을 먹을 수 있는 물고기다. 그 황금비늘이 있어서 조기는 제사상에도 오르는 것이다.

풍어는 위기의 조짐

추자수협의 김금충 상무는 추자도 조기잡이 역사가 시작된 것을 옆에서 지켜봤다. 추자도 조기 유자망 어업이 시작된 것은 20년 전. 추자수협에서는 그 무렵 삼치잡이를 하던 삼치 유자망 어선들을 모두 조기 유자망 어선으로 바꿨다. 지금 전국에서 조기 유자망 어선이 가장 많은 곳이 추자도다. 추자에 60척, 목포에 50여 척, 군산이나 여수에는 10여 척, 법성포는 4~5척 정도의 유자망 어선들이 조기를 잡는다. 안강망이나 저인망 어선들의 감축 덕을 가장 많이 본 것이 유자망 어선들이다. 인구 3,000명이 못 되는 작은 섬 추자도에서 조기잡이로 올리는 어획고는 연간 400억 원. 추자도는 가히 조기의 섬이다. 추자수협에서는 추자도에서 위판되는 조기의 70%가량을 직접 구매해 굴비로 가공한다. 하지만 굴비는 옛날처럼 마른 굴비가 아니다. 요즈음 나오는 작은 조기들을 과거처럼 겨우내 해풍에 말리는 방식으로는 수지를 맞출 수 없는 까닭이다. 냉풍 건조기로 말리거나 한두 시간 햇볕에 널어 물기를 뺀 뒤 급랭시켜 보관한다. 도시 소비자들이 마른 굴비를 선호하지 않는 것도 재래식으로 굴비를 제조하지 않는 이유 중 하나다. 실상 굴비라기보다는 반건조 조기다.

추자도 유자망 어선들은 조기잡이가 끝나면 '잡어짓기'를 한다. 5월에는 옥돔을 잡고 6~7월은 고등어를 잡는다. 경비 부담에 비해 어획량이 적은 잡어짓기에는 어선들의 30% 정도만 참가한다. 아직 추자도에는 조기잡이 금어기가 없다. 조기의 씨알이 작아지면서 위기감을 느낀 선주들이 그물코의 크기도 제한하고 자체 금어기도 설정하자고 논의 중이지만 여전히 크든 작든 많이만 잡겠다는 몇몇 욕심 사나운 선주들 때문에 결정이 쉽지 않다. 작은 조기들이 일시에 많이 잡히면 제대로 처리 못 해 썩히는 일도 비일비재하다. 씨알이 작은 조기들은 수지가 맞지 않아 그대로 방치하기 때문이다. 현명한 선주들은 수입도 못 올리면서 조기의 종자를 말리는 어리석은 어로가 결국 제 발등을 찍게 될 것을 잘 안다. 그래서 걱정이 크다. 2008년은 전년보다 조기의 씨알이 더 작아졌다. 2007년만 해도 상자당 130마리짜리가 전체의 60% 이상을 차지했지만 올해는 130마리 상자가 30% 이하로 줄고 150~180마리 상자가 대부분이다. 조기 풍어가 추자도 경제에 활기를 주고 있지만 어린 조기의 씨를 말리는 이런 무분별한 조기잡이가 언제까지 이어질지 아무도 장담할 수 없다. 바다에서 멸치가 잡히지 않는 것도 불길한 징조다. 멸치와 함께 먹이사슬의 맨 아래에 있는 자하(작은 새우)도 거의 잡히지 않는다. 조기나 방어들이 예년에 비해 살이 없는 것은 그 때문이다. 어업의 위기가 곳곳에서 감지된다.

인간의 욕망을 위해서는 세상은 늘 부족한 곳

수산전문가들도 흑산도와 제주 근해 참조기 풍어는 참조기의 자원량 증가와는 무관한 일시적인 현상에 불과하다고 진단한다. 1974년까지만 해도 전국 조기 어획량은 94,000톤이었지만 해마다 줄어들어 1984년부터는 10,000톤 미만으로 떨어졌다. 2007년에는 7,000여 톤에 불과했다. 2008년에는 조기 어획고가 다시 15,000톤까지 늘 것으로 예상되지만 이러한 추세가 언제까지나 계속되리라는 보장은 없다. 흑산도나 제주 근해에서 잡히는 조기의 90% 이상이 두 살 미만이며 평균 몸길이는 14~16cm에 불과하다. 과거에 비해 시기가 당겨졌다 해도 조기들이 산란하기 위해서는 최소 2년(몸길이 21.7cm) 이상은 성장해야 한다. 지금처럼 어린 조기들에 대한 남획이 계속된다면 연평도나 칠산 어장처럼 흑산도나 추자도 어장에서 조기가 사라지는 것도 시간문제다.

조기를 따는 작업장의 불빛으로 추자도의 가을밤은 환하다. 추자 어화가 부둣가에 피었다. 기관 돌아가는 소리, 수천 촉 백열등 아래 그물을 당겨가며 조기를 딴다. 밤 10시, 이제 추자도의 조기 따는 일도 끝이 났다. 일꾼들은 돌아가고 선주와 선원들이 남아 그물을 세척하고 다시 배 안으로 끌어올린다. 내일의 출어 준비를 마친 다음에야 선원들의 고단한 하루도 마감될 것이다. 이 조기잡이 풍경이 얼마나 오래 갈 수 있을까. 연평도와 칠산 어장에서 조기가 멸족한 길을 흑산도와

새로운 출어를 위해 조기잡이 그물을 세척하고 있다.

추자도가 그대로 밟아가는 것을 지켜보는 마음은 불편하다. 눈앞의 이익을 위해 미래에 눈감는 선주들의 욕심이 줄지 않는 한 희망은 없다. 세상은 인간의 필요를 위해서는 충분히 풍족한 곳이지만 인간의 욕망을 위해서는 언제나 모자란 곳이다.

햇빛과 바람, 밤이슬 맞으며 변신하던 굴비의 고장

굴비의 탄생지 법성포

2008년, 11월 6일. 영광 법성포. 법성포 앞바다는 매립 공사의 기계음으로 소란스럽다. 조기잡이 배들이 들어와 정박하던 호수같이 아늑한 바다는 간 곳이 없다. 원형을 잃은 바다, 몇 척의 소형 어선만 묶여 있는 포구는 쓸쓸하고 적막하다. 바다를 매립해 만든 땅에는 대규모 굴비단지가 들어설 예정이다. 옛날 연평도로 올라오던 조기떼는 칠산 어장을 지났다. 이 무렵 부안의 위도와 함께 법성포에도 파시가 섰다. 들고나는 조기 배들과 운반선들, 조기를 사고파는 사람들로 포구는 인산인해를 이루었다. 하지만 지금 법성포에 적을 두고 드나드는 조기잡이 유자망 어선은 4~5척에 불과하다. 40여 년 전 연평도 앞바다에서 조기가 사라진 뒤 칠산 어장에도 조기가 자취를 감추고 말았다. 매립 공사로 호수처럼 아름답던 포구도 사라졌으니 칠산 어장에 다시 조기떼가 돌아온다 해도 법성포로 조기 배들이 몰려올 일은 아주 없어지고 말았다. 하지만 법성포 조기파시가 끝난 뒤에도 영광굴비의 명성은 계속되고 있다.

굴비의 탄생지 영광. 굴비의 역사는 1000년을 거슬러 오른다. 굴비를 처음 만든 것은 고려 때 권신 이자겸(?~1126)이라고 전해진다. 고려왕 인종에게 두 딸을 바치고 권세를 누리던 이자겸이 스스로 왕이 되려는 반역을 모의하다 법성포로 유배됐다. 그 당시에도 법성포에서는 조기가 넘치도록 많았다. 이자겸은 조기에 소금 간한 것을 말려서 먹어보고 맛이 뛰어나 왕에게 진상했다. 이자겸은 말린 조기의 이름을

매립 공사로 좁은 수로가 되어 버린 법성포 포구

굴비(屈非)라 이름 지어 스스로의 결백을 증명하려 했다. 하지만 전설과는 달리 이자겸이 굴비를 처음 만들었을 리는 없다. 그는 그저 법성포 주민들이 만든 굴비를 얻어다 왕에게 바치며 굴비란 이름을 붙였을 것이다. 진위야 어찌됐든 그런 전설이 내려오는 것은 그만큼 굴비의 역사가 유구하다는 사실을 뒷받침한다. 영광은 조기잡이의 역사가 가장 오래된 곳 중 하나다. 문헌에 파시란 이름이 처음 등장하는 곳도 영광이다.

> 토산은…… 조기인데 군의 서쪽 파시평(波市坪)에서 난다. 봄, 여름 사이에 여러 곳의 어선이 모두 이곳에 모여 그물로 잡는데 관청에서 그 세금을 받아서 국용에 이바지한다.
> —『세종실록지리지』「나주목 영광군 편」중에서

조선시대 말 영광의 칠산 바다는 이미 전국적인 조기 어장으로 성황을 이루었다. 초대 지도군수 오횡묵이 지은 『지도군 총쇄록』(1885)에는 그 정황이 자세히 기록되어 있다.

> 본래 칠산 어장은 바다 폭이 백여 리나 되어 팔도의 어선들이 몰려온다. 그물을 치고 고기를 잡는 배가 근 백여 척이 되며 상선 또한 왕래하여 거의 수천 척이 된다.
> —『지도군 총쇄록』중에서

철쭉꽃이 피면 열리던 법성포 파시

1960년대 말까지 계속된 법성포 조기파시는 해마다 3월 초부터 4월 말까지 계속됐다. 법성포 파시는 철쭉꽃이 필 때 절정을 이루었다. 그때 칠산 어장의 조기들은 법성포로 실려와 굴비로 만들어졌다. 생조기는 며칠간 소금에 절인 뒤 덕장에서 말렸다. 긴 소나무들을 엮어서 위는 좁고 아래는 넓은 건조대를 만들어 세운 것이 덕장이다. 덕장 한가운데에 구덩이를 파고 숯불을 피웠다. 인부들은 조기를 도둑맞지 않기 위해 밤새 덕장을 지켰다. 낮에는 햇빛과 해풍에 마르고 밤에는 숯불의 열기에 말라 갔다. 짧게는 1주일, 길게는 2~3개월이 걸리는 지난한 작업. 햇빛과 바람과 밤이슬까지 맞으며 조기는 굴비로 거듭났고 조기와는 전혀 다른 차원의 맛을 가지게 됐다.

칠산 바다에 조기떼는 사라졌어도 법성포는 여전히 한국 굴비 산업의 메카다. 법성포에 400여 개, 영광 읍내에 200여 개, 모두 600여 개나 되는 점포에서 여전히 영광굴비가 제조되어 전국으로 팔려 나간다. 법성포 해안 도로변 상가는 몇 개의 식당을 제외하고 모두가 굴비 가게들이다. 덕장을 길가에 설치해 놓고 굴비를 말리는 상점들도 여럿 눈에 띈다. 자세히 살펴보니 오래되어 먼지가 끼고 찌들 대로 찌든 굴비들이다. 실제 건조라기보다는 손님을 끌기 위한 전시용 건조대다. 할머니들 몇 분이 굴비를 엮고 있는 작업장에 들어서니 보기 드물게 큰 조기들이 무더기로 쌓여 있다. 굴비를 엮는 중이다. 저렇게 큰 조기를 어디서 구했지 싶어 다가가 보니 참조기가 아니다. 부서다. 부서도 국산이 아니

조기떼가 사라지면서 칠산 바다도 텅 비어 버렸다.

라 중국산 양식 부서. 수입가와 인건비를 포함해 마리당 1,400원쯤 드니 10마리 엮으면 14,000원. 그것이 50,000~60,000원 정도에 팔려나간다. 할머니들은 열 마리씩을 한 두름으로 엮는데 한 두름당 300~500원씩의 임금을 받는다. 굴비 가공 업체의 직원은 요즈음 굴비의 새로운 경쟁상대로 떠오른 추자도 굴비에 비해 영광굴비가 우위에 있다고 강조한다. "추자는 석간을 하지만 법성포는 기소금을 합니다."

추자굴비는 겉에만 소금을 뿌리지만 영광굴비는 아가미 속에도 간을 한다는 것이다. 기소금을 한 굴비는 건조되면서 뱃속으로까지 소금이 스며들어 내장의 부패를 방지할 수 있기 때문에 오래 보관할 수 있는 것이 장점이란다. 하지만 요즘 굴비야 다들 냉동 보관하니 소금간만으로 굴비의 우수성을 주장하는 것은 무리가 있어 보인다. 아직껏 옛날 방식으로 덕장에 굴비를 말리는 집은 법성포에도 더 이상 없다. 대부분 옥상에다 건조장을 둔다. 마른 굴비를 원하는 고객들이 있으면 주문을 받아 바짝 말려 주기도 하지만 찾는 사람은 드물다. 멋모르는 젊은 사람들이 마른 굴비를 주문해서 보내주면 썩은 굴비를 보냈다고 항의를 하기도 한다. 그래서 80% 이상이 반건조 굴비다. 명태와 황태가 그렇듯이 조기와 굴비 또한 차원이 다른 맛이다. 그러니 지금 굴비로 통용되는 것은 이름만 굴비일 뿐 진정한 굴비가 아니다. 염장하여 씻은 뒤 한두 시간 정도 물기만 빼고 바로 급랭을 시킨 것들이 시중에 나도는 굴비의 대부분이다. 굴비라기보다는 반건조 조기다. 영광굴비의 원료가 되는 조기는 대부분 타 지역에서 들어온다. 목포와 추자도, 제주 한림, 여수, 부산, 마산 등지에서 위판되는 것을 중매인을 시켜 구입해 올린다. 올해는 여수에서 큰 조기들이 제법 많이 나왔다.

40년 세월 굴비만 엮어 온 노인들

도로변을 벗어나 골목으로 들어서니 비로소 농협과 수협 건물이 있고 슈퍼마켓과 피자 가게, 치킨집 등 다른 상점이 하나씩 눈에 띈다. 옛날 골목에도 여전히 굴비집들이 많다. 법성포 굴비집 1세대들이다. 진양상회 작업장 안에서도 할머니 두 분이 굴비를 엮고 있다. 종일 쪼그리고 앉아 엮으면 최고 300두름까지 엮기도 하지만 그런 날은 드물다. 굵은 것은 간을 오래 하고 작은 것은 짧게 한다. 20cm 남짓의 중간 크기는 보통 5~6시간 염장한 뒤 엮는다. 굴비는 '테프'라 부르는 노란 나일론 줄 사이에 볏짚 하나씩을 넣고 엮는다. 옛날에는 새끼줄로 엮었지만 지금은 볏짚 하나씩 넣는 것으로 만족한다. 메주 띄울 때처럼 굴비를 숙성시키는 데도 볏짚이 도움을 주기 때문이다. 할머니는 40년도 넘게 굴비를 엮었다.

"옛날에는 큰 담고를 파서 사흘간 간을 해서 글대에 걸어 파싹 말렸어. 그라면 여름 내내 두고 먹어도 변질이 없었어요. 여름에 보리밥에 물 말아 그걸 찢어서 고추장에 찍어 먹으면 그라고 맛났었는디. 글대에 걸어 말리는 풍경이 장관이었지. 사람이 하도 많아서 누가 누군지 모를 정도로 밟혔었지. 굿 보러 오는 사람도 많았고."

오늘 할머니 한 분은 89두름을 엮어 36,000원을 받고, 또 한 할머니는 '백공여섯 개'(106개)를 엮어 43,000원을 벌었다. 진양상회 김은만

법성포 어느 굴비 가게에서 모형으로 전시해 둔 굴비 덕장

(70세) 사장은 평생 조기와 함께 살았다. 직접 조기잡이를 한 적은 없지만 조기철이면 운반선을 끌고 어장으로 가서 조기들을 사다가 장사를 했다. 칠산 어장에서 조기가 사라진 뒤에는 추자도, 가거도까지 조기를 사러 다녔다. 김 사장은 바다에서 사온 조기들을 법성포로 싣고 와 위판을 하거나 굴비장수들에게 팔았다. 자신도 굴비를 만들었다. 그 당시는 한 상자에 50마리씩 들어가는 큰 조기들만 잡혔었다. 지금은 150마리 이상이 대부분이다. 김 사장도 옛날에는 덕장에다 굴비를 말렸다.

굴비가 아니라 엮거리일 뿐

법성포 조기파시는 철쭉꽃이 필 무렵에 성황을 이루었다. 이 무렵에 잡힌 조기는 오사리라 했고 오사리로 만든 굴비는 오가재비라 해서 최상품으로 쳤다. 오가재비를 통보리 독에 넣어 두고 먹었다. 김 사장은 서울 중부시장까지 굴비를 차에 싣고 가서 직접 팔기도 했다. 운이 좋으면 한 차 싣고 가서 두 차 값을 벌어오기도 했다.

김 사장이 처음 굴비장사를 할 때는 법성포에 점포가 20여 개밖에 없었다. 지금은 죄다 굴비 가게다. 예전에는 옷가게도 있고 다른 상점들도 많았는데 다 사라져 버렸다. 인근의 큰 도시의 대형 매장으로 가서 구입을 해오니 그런 상점들이 배겨 낼 재간이 없다. 그래서 굴비 가게만 수도 없이 늘어난 것이다.

"의사, 박사나 된다면 자기 밥통을 짊어지고 다니지만 다른 사람들이야 밥통이 없으니 별수 있어요? 달리 돈벌이가 없으니 장사나 해 먹지."

김 사장이 보기에 지금 굴비라고 나가는 것들은 굴비가 아니라 '엮거리'이다. 큰 것과 작은 것, 덕장에 제대로 말린 것과 반건조 조기는 맛 자체가 다르니 부르는 이름도 다르다. 지금은 굴비도 아닌 것을 굴비란 이름으로 팔아먹으니 그저 낯부끄럽기만 하다. 법성포에도 진짜 전통 굴비는 많지 않다. 김 사장의 탄식은 멈추지 않는다. 그것은 스스로에 대한 자책이기도 하다.

"지금은 굴비가 아녀, 엮거리 장사 하는 폭이여. 지금은 조상님들 간판 팔아먹는 것뿐이여."

한 배를 타면 천 배를 건너다녔다

해주 문화권이었던 연평도

다시 연평도행 배를 타고 황해바다로 나왔다. 황해는 한국에서는 서해지만 중국의 방위로는 동해다. 태평양의 일부이기도 한 황해는 중국 동부 해안과 한반도 서부 해안 사이의 바다다. 서해니 동해니 하는 이름보다는 황해라는 이름이 보다 가치중립적이다. 국제 표준도 황해다. 황하(黃河)에서 흘러든 토사 때문에 항상 바닷물이 누렇게 흐려서 황해라는 이름을 얻었다.

황해의 남쪽 경계는 제주도에서 양쯔강 하구에 이르는 선이다. 동해의 평균 수심은 1,684m, 태평양의 평균 수심은 4,071m다. 황해는 평균 수심 44m, 최대 수심 90m로 세계의 수많은 바다 중에서도 수심이 얕은 바다에 속한다. 황해 바닥은 1억 년 전 중생대 백악기 시대의 암반이다. 지질학자들은 그 당시 황해가 호수가 있는 육지였을 것으로 추정한다. 현재와 같은 황해가 형성되기 시작한 것은 15,000년 전, 마지막 빙하기가 끝나가면서 기후가 따뜻해진 때문이다. 빙하가 녹자 넓은 들판에 바닷물이 밀려들어와 황해가 형성됐다. 황해 지역이 '상전벽해' 되면서 대륙의 일부였던 연평도 또한 섬이 되었다.

한반도 유사 이래 오랜 세월 동안 연평도는 해주 문화권이었다. 연평도에서 해주는 30km 거리에 불과하다. 1953년 7월 27일 휴전협정 이후 해주가 북한 땅이 되면서 연평도는 인천 문화권으로 편입됐다. 그때 연평도와 같은 면을 이루고 있던 대수압도, 소수압도 등은 이제 북한의 영토다. 연평도에서 1.6km 거리에 북방한계선(NLL)이 지난다. 보이지 않는 선 하나로 인해 손 내밀면 잡힐 듯 가깝던 이웃 섬마을이 갈 수 없는 먼 나라가 되어 버렸다.

연평도는 옛날부터 군사 요충지였다. 조선 중종 25년(1530년)에는 봉수대가 설치되어 왜구와 해적들을 감시했다. 인천시 옹진군 연평면, 인천에서 뱃길 122km의 먼 거리지만 연평도는 이제 생활권도 행정구역도 인천이다. 연평도는 대연평도와 소연평도 두 개의 유인도를 함께 부르는 명칭이다. 크다는 수식어가 붙었지만 연평면의 본섬인 대연평도 또한 가로 3.7km, 세로 2.7km에 지나지 않는 작은 섬이다. 섬은 동북쪽의 낭까리봉뿌리, 남서쪽의 가래칠기뿌리, 서북쪽의 개모가지낭뿌리, 세 개의 뿌리를 축으로 삼각형 모양의 해안선을 이룬다.

망망대해의 작은 섬들이 오랜 세월 모진 풍랑에도 무사할 수 있었던 까닭은 무엇일까. 대연평도와 소연평도, 무인도인 당섬과 모니도, 책섬, 구지도 등은 서로가 서로의 방파제가 되고 바람막이가 되어 스스로를

지켜 왔던 것은 아닐까. 여객선이 들고 나는 포구는 당섬에 있다. 근래까지도 무인도였던 당섬은 연도교로 어미섬과 이어져 대연평도로 편입되었다. 당섬 뱃머리에서 마을 입구까지는 5리 길이 조금 못 된다. 연평마을 앞바다의 갯벌은 드넓다. 간조 시에는 당섬, 거문여, 용위, 책섬, 군두라이 등의 무인도와 여(암초), 줄등까지 바닥이 훤히 다 드러난다.

조선 세종 때부터 조기 어장으로 명성

100여 년 전까지 연평도의 포구는 현재의 연평항이 아니라 북쪽 해안의 대나루포구〔大津〕였다. 해주나 옹진 방면으로 오가는 배들이 모두 이 대나루포구로 드나들었다. 지금은 사람도 배도 더 이상 오도 가도 못 하지만 그때는 연평도산 굴비를 실은 배들이 모두 대나루포구에서 출항했을 것이다. 조기의 섬, 연평도의 조기잡이가 역사에 처음 기록으로 나타난 것은 조선 세종 때다.

토산(土産)은 조기〔石首魚〕가 주의 남쪽 연평평(延平坪)에서 나고, 봄과 여름에 여러 곳의 고깃배가 모두 이곳에 모여 그물로 잡는데, 관에서 그 세금을 거두어 나라 비용에 쓴다. 연평도(延平島) 대진(大津) 남쪽에 있는데, 물길이 30리이다. 산연평도(山延坪島)는 대진 남쪽에 있는데, 물길이 45리이다.

—『세종실록지리지』「황해도 해주목」중에서

조기 산지가 연평도 대나루 남쪽 바다 어장이었다 하니 이는 안목 어장을 일컫는 듯하다. 1815년에 편찬된 『규합총서』에서도 빙허각 이씨가 팔도의 특산물 중 하나로 연평도의 조기[石魚]를 들 정도로 연평도 조기는 이름 높았다.

세종 때부터 기록이 나타나는 영광의 파시평처럼 연평도에도 조기 배들이 몰려들면 파시가 섰을 것이다. 파시란 본래 바다에서 직접 생선을 사고파는 해상시장을 뜻했지만 점차 어장 부근의 섬이나 포구에서 생선과 생필품 등을 사고파는 시장으로 확장되어 갔다.

1751년 저술된 조선시대 대표적인 지리서 『택리지』에 바다에서 직접 고기를 팔고 사는 해상시장 파시의 모습이 그려져 있다. 이를 통해 연평도 파시의 옛 모습을 유추해 볼 수 있을 것이다. 칠산 어장의 조기가 연평도로 올라오는 길목에 위치한 선유도의 옛 지명은 군산도. 조선 중기에 이미 군산도 바다에 파시가 섰었다. 바다 위의 시장, 파시의 원형이다.

군산도는 전라도 만경 바다 복판에 있으며 역시 첨사가 통할하는 진영이 설치되어 있다. 온통 돌산이고 뭇 봉우리가 뒤를 막았으며 좌우를 빙 둘러 앉았다. 그 복판은 두 갈래 진 항구로 되어 있어 배를 감출 만하고 앞은 어장이어서 매년 봄여름에 고기잡이철이 되면 각 고을 장삿배가 구름처럼 안개처럼 몰려들어 바다 위에서 사고판다. 주민은 이것으로 부유하게 되어 집과 의식을 다투어 꾸미는데 그 사치한 것이 육지 백성보다 심하다.

―『택리지』 중에서

파시의 특성은 한시성과 유동성이다. 조기 같은 어류의 이동에 따라 어선들이 이동하고 그와 함께 어업 근거지를 중심으로 임시시장이 서는 것이다. 연평도, 위도, 흑산도 파시 등이 서해안 3대 파시로 꼽혔다. 일제 때는 이들 파시 외에도 해남 어란진, 신안 임자도 타리, 군산 연도, 어청도, 보령 녹도, 강화 아차도 등 서남해 곳곳에 파시가 섰었다.

거짓이 판치는 작사판, 파시

흔히 연평도 파시라 하지만 파시는 근래 들어 사용된 말이고 당시 연평도에서는 작사(作詐)란 말을 주로 썼다. 연평 파시가 아니라 연평 작사라 했다. 지금도 연평도 노인들은 "작사 때······"로 칭한다. 작사란 '거짓을 만든다'는 뜻이다. 없던 일이 생긴다는 의미에서 그런 용어가 쓰였을 것으로 짐작된다. 『옹진군 향토지』는 작사를 '거짓과 사기가 판치는 무대'로 해석하고 있다. 이전투구, 연평 작사에서는 물건을 거래하며 속고 속이는 일이 비일비재했다. "사흘 벌어 일 년 먹는 장사판"이었느니 오죽했으랴. 연평 작사의 주인공은 조기잡이 어부들과 술 파는 작부들이지만 그들은 무대에 선 배우였을 뿐 진짜 이익을 챙기는 제작자와 감독은 따로 있었다. 전주와 객주, 선주와 색주가 주인들이 그들이었다.

해마다 봄이면 수백억의 조기 군단이 연평도 근해를 찾아왔다. 조기 떼가 몰려오면 연평 바다는 순식간에 수천 척의 배들로 가득 찼다. 덩달아 연평도에도 파시가 섰다. 파시는 3월 하순부터 망종 무렵인 6월 초까지 두 달 남짓 계속됐다. 당섬에서 연평도까지 "한 배를 타면 천 배를 건너다닌다" 했다. 파시 때 연평도는 "사흘 벌어 일 년 먹는다" 할 정도로 돈이 넘쳤다. 종이보다 돈이 흔해서 종이가 없으면 급한 대로 돈으로 밑을 닦고 버리는 일도 있었다.

파시는 조기나 고등어처럼 떼로 몰려다니는 물고기들의 습성으로 인해 번성했다. 다른 작은 물고기들처럼 조기가 무리 지어 다니는 것은 자기방어 전략이다. 떼를 지어 다니면 포식자를 혼란스럽게 할 수 있고 큰 물고기처럼 보일 수도 있기 때문이다. 물고기들에게는 척추동물에게는 없는 특별한 감각기관이 있다. 몸의 양 측면 머리부터 꼬리까지 뻗어 있는 측선 감각기관. 조기같이 떼를 지어 몰려다니는 물고기들이 서로 부딪치지 않고 다닐 수 있는 것은 레이더와 같은 이 기관을 통해 다른 물고기들을 감지할 수 있는 까닭이다.

봄 산란철 조기들은 칠산 어장을 비롯한 기수구역을 따라 연평도로 몰려온다. 민물과 바다가 만나는 기수구역(강어귀)에는 강물에서 흘러온 영양분이 풍부하다. 햇볕 따뜻한 봄이면 이 영양분들 덕에 플랑크톤의 번식이 활발해진다. 이런 플랑크톤을 먹이로 조기들은 살이 찌고 기름이 올라 산란장까지 가는 동안 최대의 영양 상태가 된다.

조기떼가 연평도 근해와 해주만 일대 바다에 당도해 산란을 시작하는 것은 수심이 낮고 넓은 모래밭이 형성되어 있어 산란에 유리하기 때문이다. 조기들은 달이 뜰 때 떼를 지어 집단으로 산란하기도 한다. 암컷 조기의 산통이 시작되면 수컷은 암컷의 배를 자극하여 산란을 돕는다. 암컷이 알을 낳으면 수컷은 그 알에 방사를 해서 수정이 이루어

진다. 연평, 해주 인근 바다에서 새로운 생명이 싹트고 어린 조기떼가 탄생하는 것이다. 그곳은 깊은 바다에 비해 포식자가 적고 플랑크톤이 많아 알에서 깨어난 어린 물고기들이 안전하게 영양을 섭취하며 성장할 수 있었다. 어린 조기들이 자라면 만선을 꿈꾸는 어부들의 꿈도 영글어 갔다.

사월 초파일은 연평도 조기 생일

돛대 하나로 연평도에서 흑산도까지

　　　　　조기는 농어목 민어과의 바닷물고기다. 사람의 원기 회복을 돕는 효과가 있어서 그런 이름이 붙었다. 조기의 머리에는 돌 같은 이석(耳石)이 두 개 들어 있어 석수어(石首魚)라고도 한다. 산란을 위해 회유한다 해서 유수어라고도 불렀다. 전 세계 바다에 160여 종이 살아간다. 미국 연해에 80여 종, 한국의 바다에는 5속 13종이 서식하는 것으로 알려져 있다. 주로 수심 40~160m의 펄 지대나 모래 바닥에 살며 새우, 멸치 등과 함께 동물성 플랑크톤을 먹이로 한다. 1년이면 15cm, 5년이면 40cm까지 자란다.

　흑조기, 꽃조기, 참조기, 백조기, 보구치, 수조기, 부서, 눈강달이, 황강달이, 민어, 민태 등이 모두 조기류의 물고기다. 참조기는 황금조기, 노랑조기로 불리기도 한다. 황강달이는 지방마다 황세기, 황석어, 황실이 등의 다양한 이름이 있다. 참조기는 조기류 중에서 육질이 쫄깃하고 맛이 가장 뛰어나다. 참조기는 별칭처럼 몸 빛깔이 회색을 띤 황금색이다. 과거 연평 어장을 황금빛으로 물들인 참조기떼. 일반적으로 조기라면 이들 참조기를 일컫는다.

  회유성 어종인 조기는 해마다 거대한 군집을 이루어 기나긴 산란여행을 떠난다. 조기떼는 한반도 서해 산란군과 함께 중국 산둥반도 연안, 양쯔강 북부·남부 산란군 등 4개의 산란군이 있는 것으로 알려져 있다. 각각의 산란군은 겨울에는 동지나해에서 월동을 한 뒤 봄이면 산란장으로 회유한다. 한국 서해안으로 올라오는 서해 산란군은 음력 1월 초부터 북상하는데 1월 하순이면 흑산도 근해에 도달한다. 그래서 흑산 바다는 가장 먼저 형성되는 조기 어장이었다. 이 무렵 어선들은 흑산도, 가거도, 홍도, 비금도, 도초도 인근의 바다를 넘나들며 조기를 잡았다.

순배 술이 돌던 흑산도 파시

            연평도의 조기잡이 배들도 조기가 올라올 때까지 기다리고만 있지 않았다. 돛단배(風船)들도 조기떼를 쫓아 흑산도 어장까지 내려갔다. 보통 "정월 보름 밥 먹으면 출어"가 시작됐다. 하늬바람을 기다려 순풍에 돛달고 남으로 향했다. 바람이 제때만 불어주면 연평도에서 흑산도까지도 이삼 일이면 충분했다. 더러 바람 운이 나쁘면 열흘 이상씩 걸리기도 했다. 바람을 아주 잘 만나면 당일에 흑산도

조기가 사라진 바다에서 이제 연평도 주민들은 조개를 캐며 살아간다.

까지 직행하는 일도 있었다. 기계배가 생기면서부터는 뱃길이 단축됐다. 1960년대 연평도의 기계배들은 흑산도까지 27~28시간이 걸렸다. 흑산 어장에는 전국 각지의 조기잡이 배들이 몰려들었다. 1967년에는 연평도 선적 수길3호가 흑산도에 조업을 나갔다가 큰 파도를 만나 "한결(한 물결)에 엎어져 버린" 적도 있었다. 선원 8명 중에 3명만 겨우 목숨을 건졌다.

조기잡이 배들이 몰려오면 흑산도 예리항에 파시가 서고 색주집들은 어부들의 주머니를 노렸다. 부두에 배가 정박하면 술집 색시들이 뱃고사를 빙자해 고사 술을 들고 배에 올라왔다. 분단장한 색시들이 따라 주는 술을 거절할 수 있는 사내들은 없었다. 그것이 "쥐약"이었다. 색시들은 서로 자기 술집으로 오라고 어부들을 유혹했다. 손님을 못 모셔오면 주인에게 혼이 난다고 하소연도 했다. 분 냄새에 회가 동한 선원들은 못 이기는 척 색시들 손에 이끌려 술집으로 향했다. 흑산도에서는 주먹만한 주전자에 청주를 담아내는 순배 술이 유명했다. 한 순배에 '얼마'씩 계산했다. 바가지는 기본. 목숨 걸고 머나먼 바다까지 조업 나왔지만 많은 어부들은 주색에 빠져 돈을 모을 수 없었다. "너 나없이 적자가 안 나면 다행"이라 했다. 집에 가져다주는 것은 출어 전에 선주에게 선도지로 받은 쌀 두세 가마가 전부였다. 각시는 찬바람 속에 굴 깨랴 살림살이하랴 고생하는데 돈 벌러 나간 서방들은 어렵게 번 돈을 색주가에서 탕진했다. "술을 마실 때는 좋은데 돌아 나올 때는 늘 아쉽다"고 후회하면서도 반복되는 일상이었다.

조기잡이 배들은 흑산도 어장에서 조업을 하다가 음력 3월 초부터 이동을 시작했다. 그 무렵이면 조기떼도 칠산 어장에 도착해 산란에 들어갔다. 영광의 칠산이나 위도 어부들은 꽃이 피는 것을 보고 조기 떼의 도착을 알아챘다. 칠산 어부들은 철쭉꽃이 피면 조기가 칠산 바다에 도달한 것을 알았고, 위도 어부들은 마을의 살구나무 고목에 살구꽃이 활짝 피면 위도 앞바다에 조기떼가 나타난 것을 알아챘다. 조기는 밀물 때 연안을 향해 몰려드는데 그때는 바다의 바닥에 붙어서 이동한다. 썰물 때면 조기는 다시 바다로 빠져나가는데 그때는 수면에 가깝게 이동한다. 이러한 조기의 습성을 익히 아는 어부들은 조기떼의 이동로를 따라 밀물 때는 바닷속 깊이 그물을 내리고 썰물 때면 해수면 가까이 그물을 쳤다.

청(靑)골, 연평도 조기 어장의 관문

위도 근해를 통과해 북상한 조기들 중 이른 놈들은 음력 3월 하순이면 벌써 연평도 앞바다에 당도했다. 조기잡이 배들도 조기떼를 쫓아 칠산 어장과 위도, 안마도, 어청도, 석섬 바다로 올라오며 조기를 잡았다. 칠산 어장이 곡하 사리라면 연평 어장은 소만 사리가 조기잡이의 시작이었다. 청(靑)골은 조기가 연평 어장으로 들어오는 문턱이었다. 음력 4월 초면 남쪽에서 올라온 조기떼가 안흥 바깥의 '멍디기'를 지나 청골 바다를 통해 연평 어장으로 들어왔다. 4월 초파일이면 대부분의 조기가 연평도 해역에 도착했다. 그래서 연평도에서는 음력 4월 초파일을 '조기 생일'이라 불렀다. 입하, 소만 사리인 그

연평도의 조기잡이 기념물

때부터 망종 때까지 네 사리, 두 달 남짓 연평 어장에서의 조기잡이가 이어졌다.

청골로 들어오는 조기는 금방 지나가 버리기 때문에 많이 잡기는 어려웠지만 처음 잡는 조기라 가격이 높았다. 연평 바다로 들어오는 조기들은 씨알이 굵었고 하나같이 기름지고 살이 올랐다. 연평 조기를 최상품으로 친 것은 그 때문이었다. 입하 사리 무렵이면 조기떼가 구월이 안골까지 들어갔다. 가장 좋은 조기 어장인 구월이 안골 바다에서는 자리다툼도 심했다. 쟁기(그물)를 먼저 쳤는데 다른 배가 와서 앞을 가로막고 쟁기를 주면 어선들 간에 큰 싸움이 일어나기도 했다.

연평도 조기의 주 어장은 연평도 북서쪽 4~5km 인근 바다였다. 연평보다 북서쪽으로 돌출한 황해도 구월반도의 구월봉 아래 구월이 바다와 등산곶 부근 등산이 바다가 황금어장이었다. 구월이 안골이나 등산이 바다는 작은 여와 모래 갯벌이 발달해 산란장으로 최적지였다. 해주만과 옹진반도, 연백의 수래포구 등지에서 씻겨 내려오는 토사가 조기의 주식인 동물성 플랑크톤들에게 풍부한 먹이를 제공해 주었기 때문이다.

조기떼가 천둥만 빵빵거리면 없어져

그 밖에도 조기떼는 닭섬 바깥골이나 밭새, 고래안골, 물발이 세서 무서운 용호도 근처의 학골 바다, 거첨도, 뱅여섬(뱅여골) 등지에서도 많이 잡혔다. 운이 좋은 배들은 닭섬 바깥골에서 한 물때에만 무려 130동을 잡기도 했다. 6·25가 끝난 후 구월이 안골 바다 등 북쪽 바다에는 넘어갈 수 없도록 통제됐지만, 군함들이 감시하고 있어도 많은 어선들이 몰래 넘어갔다. "죽고 사는 게 문제냐. 못 벌고 못 먹으면 죽는 판에" 하는 심정들이었다.

망종 무렵이면 다시 조기떼의 이동이 시작됐다. 조기 군단이 연평 어장으로 들어올 때는 시간이 오래 걸리지만 알을 까고 나갈 때는 "하늘에서 천둥만 빵빵거리면" 없어져 버렸다. 한마디로 천둥번개처럼 순식간에 빠져나갔다. 조기떼가 순식간에 사라져 버리니 쫓아가 잡을 엄두도 못 냈다. 그와 동시에 연평 어장의 조기잡이도 끝났다. 산란장에서도 살아남은 조기떼는 평북의 운무도, 서차도, 대화도를 지나 신의주 앞바다 사자도 해역까지 북상해 마지막 조기 어장을 형성했다. 거기서 더 북상한 조기들은 중국 다롄(大連) 앞바다를 거쳐 산둥성 근해를 돌아 남하했다. 또 한 차례 남쪽 머나먼 바다로의 기나긴 여정을 시작한 것이다.

연평 바다로 돈 실러 가세

돈 실러 가세 돈 실러 가세
연평 바다로 돈 실러 가세
연평 바다에 널린 조기
양주만 남기고 다 잡아 들이자
뱀자네 아즈마이 정성 덕에
연평 바다에 도장원했네
나갈 적엔 깃발로 나가고
들어올 적엔 꽃밭이 되었네
연평 장군님 모셔 싣고
연평 바다로 돈 실러 가세

—〈연평도 배치기 소리〉

아귀를 닮은 안강망 그물

구한말 안강망(鮟鱇網) 어선이 도입된 이래 연평도에서는 1960년대 초까지도 조기잡이 어선은 안강망 어선이 주류였다. 안강망은 물살이 빠른 곳에 자루그물을 고정해 놓고 물고기들을 함정에 빠뜨려 잡는 함정 어법이다. 연평도 조기파시 때 안강망 어선들은 바람을 동력으로 하는 풍선이 대부분이었다. 일제강점기에도 기계배들이 있었지만 소수에 불과했고 6·25 이후에야 안강망 어선들의 기계화가 시작되었다. 1960년대에는 안강망 어선들도 대부분 기계배로 바뀌었다. 안강망 어선의 본고장은 일본의 나가사키(長崎) 지방이었다. 나가사키에서 출어한 어선들이 연평 어장에 안강망을 처음 들여온 것은 1904년경. 하지만 빠른 물살 때문에 그물이 자주 파손되어 손해가 많았다. 나가사키 어선들은 한동안

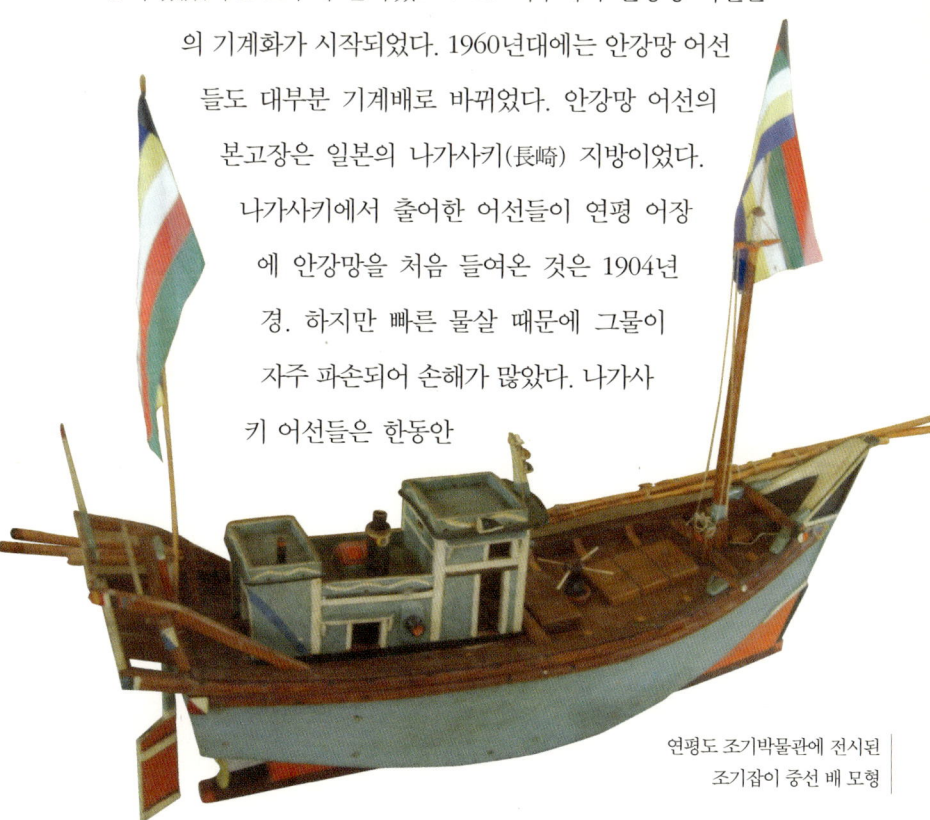

연평도 조기박물관에 전시된 조기잡이 중선 배 모형

안강망을 철수했다가 서해안의 조류에 맞게 개량한 뒤 1908년 무렵부터 다시 안강망을 사용하기 시작했다. 그 후 안강망 어법은 급속히 조선의 어선들로 퍼져 나갔다. 안강망이란 말은 일본어 '앙꼬(鮟鱇)'에서 왔다. 그물 모양이 '앙꼬어(아귀)'를 닮았다 해서 붙여진 이름이었다.

안강망 배는 50발(한 발은 1m 60cm)쯤 되는 자루그물의 끝을 닻에 매달아 바다 바닥에 고정시킨 뒤 조류에 떠밀려 그물 입구로 들어온 조기떼를 포획했다. 사람 입술 모양의 그물 입구는 암해의 침력과 수해의 부력에 의해 열고 닫힌다. 암해는 참나무로 묶어 돌을 매단 뒤 밑으로 가라앉히고 수해는 굵고 긴 통대를 십여 개씩 묶어서 위로 띄웠다. 물에 뜨는 수해를 만들기 위해 참대를 일본에서 수입해 썼다. 조업은 조금 때를 빼고 내내 계속됐다. 닻에 고정시킨 안강망 그물은 주야로 하루 네 번씩 "물이 벙벙한 '감참'(간조와 만조) 때 물을 봤다". 만조든 간조든 조류의 흐름이 멈추는 때라야 물살의 저항 없이 작업을 손쉽게 할 수 있는 까닭이었다.

어선의 연대기

풍선(風船)인 안강망 배는 두 폭의 돛을 달고 다녔다. 안강망 배는 흔히 중선(中船) 배라고도 했는데 대선과 소선의 중간 크기 배란 뜻이다. 경기 지방에서는 네 발에서 다섯 발 반까지 길이의 배를 중선이라 했다. 돛은 배 중심의 허릿대에 큰 돛을 달았고 배 앞쪽 이물대에 작은 돛을 달았다. 철저히 바람에만 의지해야 했으니 남쪽 바다에서 올라온 배들이 소연평도까지 왔는데도 남풍이 안 불면 꼼짝없이 몇 날이고 붙들려 있어야 했다. 배에는 큰 노가 두 개 있었지만 "안타까워서 노질을 할 뿐" 덩치 큰 배는 쉽게 움직이지 않았다. "바람길이 터지기를 기다리면서 그냥 닻 주고 기다리는 것"이 일이었다.

안강망 배와 함께 연평 어장을 누빈 또 하나의 주인공은 걸그물을 사용한 자망(刺網) 배와 흘림걸그물을 사용한 유자망(流刺網) 배였다. 1960년대 들어 면사 그물을 대신한 나일론 그물의 보급으로 자망과 유자망 어선들이 늘어났다. 자망은 수건 모양의 그물을 물속에 수직으로 펼쳐서 닻으로 고정시킨 뒤 물고기들이 그물코에 꽂히게 하는 어법이다. 자망 배는 새벽에 그물을 놨다가 오후 3~4시경에 거둬들였다. 유자망은 그물을 닻으로 고정시키지 않고 물결을 따라 흘려보내서 그물

미군이 찍은 1950년대 연평 파시 풍경

코에 물고기들이 꽂히게 하여 잡아들이는 어법이다. 안강망 어선이 도입되기 전 연평도에서 조기잡이 배는 망선(網船)이었다. 선수가 뭉툭하고 규모가 큰 망선은 이동이 쉽지 않았다. 돛은 허릿대와 이물대 외에도 뱃머리에 야거리대라는 작은 돛까지 세 개를 달고 다녔다. 새끼줄과 칡넝쿨로 만들어진 그물은 너무 무거웠다. 그래서 망선에는 보통 삼사십 명이나 되는 많은 선원들이 필요했다. 그에 비해 안강망 어선은 가벼운 면사 그물을 사용한 덕에 7~8명의 선원으로도 충분히 조업이 가능했다. 1930년대 들어서는 안강망 배에 밀려 망선은 자취를 감췄다.

쟁기질로 조기를 잡다

바다에서의 조업은 물때로 좌우된다. 밀물과 썰물의 들고 남이 큰 때를 사리[大潮]라 하고 작은 때를 조금[小潮]이라 한다. 바닷물이 들고 나는 것은 달의 인력 때문이다. 태양과 달, 지구가 일직선을 이루는 음력 보름과 그믐에 조차가 가장 큰 것은 달의 인력과 태양의 인력이 합해지기 때문이다. 그와 달리 지구를 중심으로 태양과 달이 직각을 이루면 태양의 힘 때문에 달의 당기는 힘이 약해진다. 조수가 거의 없는 이때를 조금이라 한다. 보름 간격으로 조금과 사리가 교차한다. 일반적으로 조금은 음력 5~9일 사이와 20~24일 사이의 물때다. 나머지 기간은 사리 물때다. 조수의 활동이 활발한 사리 때는 물살이 빠르고, 조수의 활동이 미약한 조금 때는 물살의 흐름이 약하다. 조기잡이 어선들의 조업은 대체로 사리 물때에 이루어졌다. 물살의 흐름에 전적으로 의존하는 안강망 어선의 조업은 조수의 흐름에 크게 좌우된다. 안강망 어선은 물살의 흐름이 거의 없는 조금 때는 조업을 할 수 없다. 물살이 빠른 사리 때를 기다려 조업에 나섰다. 자망이나 유자망 배는 조금 때도 조업이 가능했지만 조금 때는 조기가 잘 잡히지 않는 탓에 조업에 거의 나가지 않았다. 물살이 약해 조기들이 그물에 꽂히지 않았던 것이다.

현재와 달리 어군탐지기가 없었던 과거 조기잡이 배들은 울대(대통)를 바다에 넣어 조기 우는 소리를 듣고 조기떼를 쫓았다. 조기는 산란 직전에 울고 산란을 마치고 나가며 울었다. 같은 종의 물고기들끼리는 소리로 의사전달을 하는 능력이 있다. 민어는 개구리처럼 꽉꽉 울었지만 조기는 바람이나 소나기 퍼붓는 것처럼 울었다. 조기를 비롯한 민어과의 어류들은 부레의 벽에 있는 근육을 이용해서 소리를 내는데, 위협을 느꼈을 때나 산란 시기에 더욱 요란한 소리를 낸다. 조기철 연평도 사람들이 조기떼 우는 소리에 잠 못 이룬 것은 아마도 그 밤 조기들이 무리 지어 교배와 산란을 하며 고통과 환희의 울음을 울었기 때문이 아니었을까.

어선들은 조기떼를 찾으면 '쟁기'를 줬다. 그물을 내리는 것을 '쟁기 준다'고 했다. 조기가 많을 것 같은 해역을 찾은 사공이 닻을 내리고 "여기 주자" 하면 뱃동사들은 합심하여 쟁기를 줬다. 쟁기를 준다는 표현은 농사를 제일로 치는 농경사회의 뿌리 깊은 관습에 기인한 듯하다. 어업은 바다농사인 것이다. 안강망 배들은 그물을 걷어 올려 그물 끝에 묶은 줄을 풀어내 조기를 털었고, 자망 배들은 그물을 올린 뒤 걸

대연평과 소연평 사이 바다. 연평도 조기잡이가 시작된 안목 어장이 이곳이다.

려든 조기를 하나씩 따냈다. 자망 배들이 하루 한 번 물을 보는 데 비해 안강망 배들은 하루 네 번 물이 들고 나가는 때마다 물을 봤다. 안강망 그물에 든 고기가 너무 많아 자루를 들어올리기 어려우면 자루가 긴 뜰채인 '테'로 퍼 날랐다. '테'는 젊은 선원들 서너 명이 달라붙어야 했다. 운이 좋으면 안강망 배 한 척이 한 물때에 백이삼십 동(한 동은 1천 마리)까지도 잡았다. 조기배들은 10여 일을 바다 위에서 생활하다 조금 때가 되면 연평도로 귀항했다.

목선에서 장작불로 밥해 먹고 바닷물로 세수하고

"그냥 때려잡아요, 때려잡아"

조기잡이 어장에서 어선만큼이나 중요한 역할을 한 배가 운반선인 상고선(商賈船)이다. 상고선은 시선, 짐배, 화식기 등의 이름으로도 불렸다. 뭍에서는 곡물을 실어오고 어장에서는 생선들을 운반했다. 상고선은 운반선이자 중간상이었다. 조기잡이 선단 대부분이 돛단배일 때부터 상고선은 기계배였다. 어장에서 잡은 조기는 즉석에서 매매됐다. 그물을 걷어 올린 배는 호기(虎旗)를 찔렀다. 장대에 호랑이 그림 깃발을 매단 것이 호기다. 그러면 가장 먼저 발견한 상고선이 달려오고 홍정이 이루어졌다. 해상시장, 말 그대로 파시가 섰다. 상고선이 도착하면 어선에서는 호기를 넘어뜨렸다. 홍정이 이루어지지 않으면 다시 호기를 세웠다. 안개가 끼어 앞이 안 보이는 날이면 상고선은 북소리를 듣고 찾아갔다.

상고선은 목포, 인천, 영광 등 사방에서 왔다. 파시 내내 어선들 사이를 누비고 다녔다. 조기 값은 무조건 '현찰 박치기'. 상고선은 다량의 현금을 싣고 다니며 거래가 성사되면 즉석에서 대금을 건넸다. 어선과 상고선 간에 더 받고 덜 주기 위한 흥정은 뭍의 시장과 다를 바 없었다. 하지만 유리한 쪽은 상고선이었다. 어선들은 이동이 자유롭지 못한 돛단배가 대부분이었으니 조기를 싣고 뭍까지 팔러 갈 수가 없었다. 가격이 불만족스러워도 상고선에 팔지 않을 도리가 없었다. 어선에서는 "울며 겨자 먹기로 넘겨주는" 경우가 많았다. 상고선은 깃대가 선 것을 보면 "저기 조기 있다"고 외치며 달려왔지만 어부들은 상고선을 도둑놈들이라고 욕했다. "그놈들이 다 도둑놈들이다. 조금만 주자 하면서 달려와 그냥 때려잡아요, 때려잡아." 하지만 상고선들이라고 다 돈을 버는 것은 아니었다. 지금처럼 전화가 있었던 것도 아니니 시세를 점치는 것은 순전히 감에 달렸다. 바다에서 싸게 샀다고 샀는데 포구로 돌아오는 사이 시세가 떨어져 버리면 상고선도 쫄딱 망하는 일이 흔했다.

기계배들이 늘어나면서부터는 상고선의 역할이 줄어들었다. 어선들은 조금 때가 되면 7~8시간 거리의 인천으로 직접 싣고 나가 하인천 부두의 어물상에 조기를 넘겼다. 하지만 어물상이라고 크게 다를 것도 없었다. 선주들은 상회에게도 약자였다. 상회에서는 선주들에게 전도금(출어 비용)을 대주기 때문이다. 상회는 조기를 넘겨받아 '깡'(수협 공판장)에서 위판을 대행해 주고 수수료를 챙겼다. 선주들은 수수료와 상회에서 빌린 전도금을 떼고 난 금액을 손에 쥐었다. 1960년대 자루

조기박물관에서 내려다본 연평 바다

그물로 잡은 안강망 배의 조기는 크고 작은 것들이 뒤섞여서 한 동에 쌀 한 가마, 그물코가 균일한 자망 배에서 잡은 조기는 씨알이 굵어서 한 동에 쌀 두 가마 정도를 받았다. 조기 한 동, 즉 1,000마리가 쌀 한 두 가마 값밖에 안 될 정도로 조기 값이 쌌으니 선주들은 웬만해서는 큰 이익을 낼 수 없었다. 그래서 자본이 없는 선주들은 상회 주인인 객주의 손에서 벗어나기 어려웠다. 상회 주인만 좋은 일 시켰으니, 중간 상들만 큰 이익을 취하는 것은 예나 지금이나 변함이 없다.

선주는 '뱀자', 선장은 '사공', 선원은 '뱃동사'

연평도에는 본토박이보다 해주의 대수압도, 소수압도, 육섬, 거첨도 등지에서 피난 나오며 배를 끌고 온 선주들이 더 많았다. 조기잡이 배는 풍선이나 기계배를 막론하고 평균 8명이 승선했다. 조업 가능한 최소 인원이었다. 선주가 선장을 겸하는 경우도 있었지만 보통은 고용 선장을 썼다. 선주는 배임자 혹은 뱀자라 했고 선장은 사공 혹은 사궁이라 했다. 일반 선원은 뱃동사 혹은 뱃동서라 불렀다. 같이 일하는 사람이라는 의미에서 동사(同事)라 한 것이다.

뱃동사들에게는 역할에 따라 이물 사공, 고물 사공, 화장 등의 직책이 주어졌다. 뱃머리인 이물에서 일하는 이물 사공은 가장 경험이 많은 '영자(永者)'가 맡았다. 화장은 평상시에는 조업을 거들다 밥때가 되면 밥 짓는 일을 하는 배의 막내였다. 선원들 중 선장을 했거나 배를 탄 경험이 많은 나이 든 선원을 영자라 했다. 길게 앉은 사람, 경험이

많은 사람이어서 영자라 불렀으며 특별 대우를 했다. 선장보다 대접을
더 받는 영자도 많았다. 선장도 경험 많은 영자의 말은 들었다. 영자는
원로였지만 배 안의 자잘한 일은 도맡아 했다. 누가 시켜서가 아니라
배의 구조나 어구에 대해 가장 잘 알기 때문에 스스로가 미리 대처한
것이다. 영자는 한시도 쉴 틈 없이 배를 수리하고 어구들을 손봤다. 신
입들은 무엇을 해야 할 줄 몰라서 움직이지 않는 경우가 많았다. 뱃사
람들은 대부분 영자를 존중했지만 개중에는 "영감탱이"라며 영자를
무시하는 젊은 선원들도 있었다.

 선주가 선장을 겸하지 않는 배에는 임시 선주인 '이목 배임자'를 세웠
다. 선주는 자신의 형제나 친척 등이 선원으로 승선했을 경우 그를 이목
배임자로 임명하고 배의 금전 관리와 사무를 맡겼다. 친인척이 승선하지
않았을 때는 대개 사공이 이목 배임자 역할까지 겸했다. 배임자가 사공인
경우에도 거들먹거리면서 어른 노릇 하려 들면 선원들이 잘 따라주지 않
았다. 주인이 몸 노릇 해야 따르고 뱃사람들도 일을 잘했다.

목욕은 꿈도 못 꾸던 선상 생활

　　　　　　　　뱃사람들은 한번 조업을 나가면 보통 열흘에서 보름
동안 배에서 생활했다. 그때는 쌀과 식수, 간장, 된장, 고추장, 김치,
술, 담배 등의 식료품과 기호품, 화덕, 장작 등을 가득 실었다. 선상 생
활에서 쌀만큼이나 귀한 것이 물이었다. 물을 담는 탱크는 스기나무
(삼나무)로 만들어 배에 싣고 다녔다. 보통 세 드럼 분량의 크기였다.

하지만 탱크의 물은 음식을 하거나 식수로만 사용됐다. 배 안에서 탱크 물로 몸을 씻는 것이나 세탁은 꿈도 꿀 수 없었다. 물탱크는 연평도에 입항했을 때 보충했다. 선상에 있는 동안 선원들은 옷을 갈아입지 못했다. 그래서 선원들 몸속에는 늘 이가 득실거렸다. 세수는 바닷물로 했고 빨래는 섬에 내렸을 때 개울에 가서 했다. 안강망 배의 경우 선상에서 잠은 늘 쪽잠이었다. 6시간마다 그물을 거둬야 하니 두세 시간 일하고 두세 시간 자고, 또 틈틈이 잠을 잤다.

   식당은 선실 뒤에 붙어 있었다. 식당에는 솥이 걸린 아궁이가 있었고 화장은 하루 세 끼 그곳에서 장작불을 때 밥을 하고 국을 끓였다. 대부분은 조기들 틈에 걸려든 잡어로 매운탕을 끓이거나 소금을 뿌려 구웠다. 생선은 물리도록 먹었지만 김치는 항시 부족했다. 출어 때 신

조기들이 모두 떠나 버린 바다에서 연평도 어민들은 양식을 하며 갯벌을 일구었다.

고 온 김치는 일찍 떨어져 버리기 일쑤였다. 더러 생것을 회로 떠서 내기도 했다. 그중에서도 민어와 준치 회가 별미였다. 귀항 무렵이면 가장 먹고 싶은 것이 김치였다. 조기는 반찬으로도 잘 먹지 않았다. 하나라도 더 팔아야 자신들의 몫이 많아지기 때문이었다. 그때는 생선이 흔해서 꽃게나 아귀 따위는 생선 취급도 못 받고 버려지기 일쑤였다.

  선원들은 힘든 선상 생활을 잊기 위해 술을 마시기도 했다. 지나친 음주는 안전이나 조업에 지장을 주는 까닭에 출어할 때 배에다 한 말들이 탄자(오지독)나 퍼런 '와룡' 소주 됫병 몇 개 정도만 실었다. 조기 거래가 이루어지면 상고선에서 소주 한 되씩을 건네주기도 했다. 돛단배들은 호야 불(가스 불)로 등을 밝혔고 기계배들은 발전기를 돌려 전깃불을 켰다. 억센 남자들끼리 좁은 공간에서 몇 달씩 생활하다 보면 사소한 일 때문에 크게 다투는 일도 잦았다. 다 같이 고생하는데 힘든 일을 기피하는 약삭빠른 사람들이 어디나 한둘은 꼭 있기 마련이다. 그것을 참다못한 선원이 시비를 걸면 싸움이 커지기도 했다. 하지만 대부분 같은 고향 사람들이라 큰 사고로 이어지지는 않았다. 조업 중에는 금기도 많았다. 휘파람을 불거나 칼을 바다에 빠뜨리면 안 됐다. 신발을 바다에 빠뜨리면 사고가 날 징조로 여겼다. 칼을 바다에 떨어뜨리는 것은 용왕신의 등에 칼을 꽂는 불경으로 여겨졌다. 그때는 아예 조업을 접는 배도 더러 있었지만 대부분은 부정풀이를 해서 부정을 씻어낸 다음 조업을 계속했다.

선상 생활에서 유일한 취미 생활은 라디오. 배마다 라디오가 한 대씩은 있었다. "찔레꽃 붉게 피는 남쪽 나라 내 고향……." 해질녘 라디오에서 고향 노래라도 흘러나오면 남녘에서 온 선원들은 노을보다 얼굴이 더 붉어졌다. 떠나온 고향, 두고 온 가족들, 그리움에 목이 메었다.

연평도 어업조합
전무 하지
황해도 도지사
안 한다

파송치고 심댔다

연평 어장에서 여름이 시작되면 조기잡이는 파송치고 선주와 선원들은 심을 댔다. 한철 어로가 끝나는 것이 '파송'이고 임금을 정산하는 것이 '심대기'다. 조기잡이 배 선원들의 임금은 월급제가 아니라 '짓 나누기'였다. 이익을 분배하는 것이 짓 나누기다. 연평도의 풍선 안강망 배는 3:7제, 기계배는 4:6제였다. 안강망 배는 선주가 매출 이익의 7짓(7할)을 가져가고 나머지 3짓(3할)을 선원들이 나눠가졌다. 그물이나 조업에 필요한 어구는 선주가 부담했지만 식구미는 선주와 선원들 공동 부담이었다. 어구를 제외하고 선상 생활에 소요되는 식량을 비롯한 여러 물품을 '식구미' 혹은 '식고미'라 했다. 어장이 끝나 파송을 치고 입항을 하면 배임자(선주)는 정산을 보고 총 어획고에서 '식구미'를 제한 다음 선원 몫으로 3짓을 떼어 주었다. 그 3

짓에서 선원들은 또 각자의 몫을 분배받았다.

　선원들 중 사공은 뱃동사들보다 두 배 정도 몫이 많았다. 노련하고 일을 잘하는 이물 사공은 '보너스'를 받기도 했다. 선원들이 배에 타기 전 선주는 선원들에게 '용'을 주었다. 선용, 선도지라고도 하는 일종의 선불금이다. '용'은 보통 쌀 세 가마니 정도. 선원들 몫의 3짓을 나눌 때 선원들은 각자가 쓴 용은 제하고 분배받았다. 선원들 중에는 술을 안 마시고 착실하게 돈을 버는 사람도 있었다. 1959년 봄 파송 때 연평도의 어떤 선원은 50,000원까지 벌기도 했다. 쌀 한 가마가 3,800원 할 때였으니 당시로서는 아주 큰 돈을 손에 쥔 것이다. 하지만 술을 좋아하는 대부분의 선원들은 그저 한 해 벌어 한 해 먹고사는 것으로 만족했다.

　파송치고 심대기가 끝나면 파시도 끝이 났다. 망종 이후부터는 민어잡이나 갈치잡이가 이어졌다. 그마저 끝나면 배에서 내리는 선원들도 있었고 더러는 남쪽 바다로 내려가 겨울까지 조업을 계속하기도 했다.

"평양 사람은 대인, 서울 사람은 쫌팽이"

　　　　　상고선에 조기를 팔지 않은 어선들은 조기를 가득 싣고 연평도 포구로 입항했다. 조기배가 들어오기 시작하면 어업조합에서 사이렌을 울렸다. 만선을 한 배들은 흰 광목으로 선체를 두르고 북을 치며 의기양양하게 돌아왔다. 어선들은 모두 쇠와 징, 북 등을 갖추고 다녔다. 안개 속에서 신호용으로 쓰기도 하고 뱃고사를 지내거나 귀항할 때 풍물을 울리는 데도 사용했다. 대낮부터 색주가에서 술을 푸던 객주나 여관에서 노심초사하던 선주들도 사이렌 소리를 듣고 서둘러 포구로 달려 나왔다. 배에서 조기를 내리는 일은 부두노조원들의 몫이었다. 어업조합에서 경매가 이루어지면 서울 마포의 경강상인들이나 평양, 개성, 인천의 객주들은 중매인을 시켜서 조기를 낙찰받았다. 경매가 끝나면 선주는 선원들의 노고를 치하하며 색주가로 가서 질펀하게 마시고 놀도록 했다.

조기를 살 때 가장 약삭빠르게 구는 사람들은 서울의 객주들이었다. 평양 사람들은 대체로 값을 후하게 쳐주었다. "평양 사람들이 크게 놀았지 서울 사람들은 쫌팽이 같았어." 서울의 객주들은 무조건 싸게만 사려고 들었지만 평양의 객주들은 밑지지 않을 성만 싶으면 조기를 구입했다. 평양 객주들은 대인의 풍모가 있었다. 그러다 보니 싸게 사기 위해 너무 약삭빠르게 굴던 서울 객주 중에는 경매가 끝날 때까지 조기를 전혀 낙찰받지 못한 사람도 있었다. 상고선도 마찬가지였다. 평양 사람이 선주인 상고선이 와야 값을 후하게 받았다.

연평도에 싣고 들어온 조기는 무조건 어업조합을 거쳐야 했다. 조합에서는 노조의 운반비와 경매 수수료를 떼어갔다. 경매가 시작되면 객주의 주문을 받은 중매인들이 조기를 낙찰받아 주고 수수료를 챙겼다. 황해도에 본부를 둔 어업조합의 연평 출장소가 생긴 것은 1934년. 연평도 어민들이 기존의 조개류를 취급하던 포패(捕貝)조합을 기반으로 어업조합을 설립했다. 연평도 우체국 옆에는 일제강점기 때 지어진 어업조합 건물이 얼마 전까지 남아 있었다. 수협 직원 몇 명이 근무하던 건물은 퇴락할 대로 퇴락했다. 지금이야 상상도 안가는 일이지만 일제 하에서 연평도 어업조합은 절정의 호경기를 누렸다. 조합 직원들이 20명이 넘었고 봄 파시 때는 임시 직원을 30~40명씩 더 썼다. "연평도 어업조합 전무 하지 황해도 도지사 안 한다" 할 정도로 조합 간부들은 부와 권세를 누렸다. 조기파시가 시작되면 전국 각지에서 몰려온 어선들이 모두 어업조합에 신고를 하고 신고비를 납부했다. 조합에서는 조기 어장에서 조업할 수 있는 출어허가증을 교부했다.

자갈밭에서 말리던 연평도 굴비

일제 때부터 서울 마포에서 얼음을 싣고 온 경강상인의 배가 생물 조기를 사가기도 했지만 대부분은 굴비로 가공된 뒤 유통됐다. 조기를 매입한 객주들은 인부들을 사서 간통에 조기를 절인 뒤 해변에 널어 말렸다. 잘 마른 굴비들은 서울이나 개성, 평양, 인천 등지로 팔려 나갔다. 황해도의 재령, 신천 방면 사람들도 굴비를 많이 사갔다. 조기 절이는 탱크가 해안을 따라 쭉 늘어서 있었다. 조기를 절이는 간통은 시멘트를 이용해 네모난 수조처럼 만들었다. 크기가 보통 집 한 채만 했다. 간통의 깊이는 2~4m. 간통 속은 사다리를 타고 오르내렸다. 간을 하기 위한 소금도 노적더미로 쌓여 있었다. 조기는 보통 2~3일 정도 간통에 절인 뒤 꺼냈다. 소금에 조기가 절여지면서 간통에 생긴 물은 조기젓국이라 했는데 간장으로도 썼다. 절인 조기는 젓국에 한 번 헹구었다가 꺼내서 바로 말렸다.

바위나 자갈밭은 햇볕에 잘 달구어져 조기가 쉽게 말랐다. 조기 절이고 말리는 일은 주민들이 했다. 품팔이할 일이 많으니까 다른 장사에 머리를 잘 안 썼다. 지금은 매립되어 도로가 된 자갈밭은 온통 널어 말리는 조기들 천지였다. 영광굴비와는 달리 연평도 굴비는 엮어서 말리지 않고 꾸덕꾸덕 말린 뒤에 한 뭇씩 엮었다. 덕장에 말리지 않고 자

그물을 손질하는 연평도 어민. 근래에는 꽃게잡이가 주업이다.

갈 바닥에 말리는 풍습 때문이었다. 큰 것은 10마리가 한 못이고 작은 것은 20마리였다. 잘 마른 굴비를 방망이로 때려서 생으로 찢어먹으면 맛이 기가 막혔다. 연평도에서도 봄에 잡히는 알밴 조기를 오사리(곡우 사리)조기라 했는데 오사리조기로 만든 굴비는 최상품으로 비싼 값에 팔려 나갔다.

칡넝쿨 그물에서 면사 그물로

조기가 잡히지 않는 조금 때는 안강망 배나 자망 배 할 것 없이 거의 모든 배들이 연평도로 들어왔다. 수천 척의 배들로 연평 앞바다가 가득 찼다. 조금 때라고 선원들이 쉬는 것은 아니었다. 망가진 어구를 손보고 다음 출어를 준비하느라 쉴 틈이 없었다.

과거 그물은 칡넝쿨로 만든 갈망과 마를 이용해 만든 마망이었다. 면사가 보급되면서 이들 그물은 자취를 감추었고 면사는 나일론 그물에게 자리를 내줬다. 나일론이 나오기 전까지 연평 어장의 그물은 면사였다. 일제강점기 때는 면사를 타래로 사다가 마을 부녀자들에게 그물을 직접 뜨게 한 뒤 들기름을 먹여 사용했다. 그물의 벼릿줄이나 닻줄은 칡넝쿨로 만들어 썼다. 면사는 쉽게 부식되고 잘 끊어졌다. 면사는 햇빛이나 바닷물에 약했다. 그런 면사를 질기게 하고 썩지 않게 하기 위해 '갈'을 입혔다. 갈은 일종의 염색, 코팅이었다. 참나무 껍질을 푹 끓이면 물엿처럼 고아지는데, 그것을 굳힌 것이 갈이다.

외지에서 온 선주들은 연평도의 갈가마를 임대해 썼다. 초대형 솥에 장작불을 때서 갈을 넣고 물을 끓였다. 물이 펄펄 끓기 시작하면 그물을 집어넣은 뒤 다시 끓였다. 불을 때는 일은 보통 나이 든 영자가 맡았다. 젊은 선원들이 회피하는 일이라 영자들이 했다. 갈이 다 입혀진 그물은 꺼내다 '갱변' 자갈밭에 말렸다. 섬에서는 대개 해안가를 갱변이라 부른다. 널 장소가 없어서 말리지 못한 그물은 배로 가져가 돛대에 걸어서 말렸다. 연평도의 옛 어선 사진 중 긴 돛대에 그물을 걸어 놓은 것이 갈 먹인 그물을 말리는 풍경이다. 하얀 면 그물에 처음 갈물을 들이면 빨갛게 변하고 그물도 뻣뻣해졌다. 조업에서 돌아올 때마다 갈물을 다시 들이고 그렇게 몇 번의 갈물을 먹은 그물은 까맣게 변했다.

 나일론 그물이 확산되면서 점차 갈물 들이기 풍습도 사라졌다. 나일론 그물로는 면사보다 조기를 세 배 이상 많이 잡았다. 면사는 그물이 뻣뻣해서 조기가 덜 붙고 잘 빠져나갔지만 나일론 그물은 부드러우면서도 강해서 조기가 잘 붙고 한번 붙으면 못 빠져나갔다. 어선들은 보통 서너 틀의 그물을 예비로 싣고 다녔다. 조업 중 그물이 끊어지거나 손상이 생기면 즉각 교체했다. 면사를 사용하던 시절 갈가마의 장작이나 난방, 어선의 조리용으로 베어낸 땔감들 때문에 연평도의 산은 벌거숭이가 되어 갔다. 후일에는 땔감이 부족해서 풀까지 베어다 불을 땔 정도였다. 나일론 그물의 등장과 함께 갈물 들이기는 사라졌다. 기계배와 나일론 그물, 어군탐지기의 등장은 조기의 어획량을 획기적으로 늘렸지만 그것이 결국 조기 어장의 고갈을 앞당기는 주범이 됐다. 기술의 축복이 기술의 재앙으로 돌변한 것이다.

연평도
조기의 신
임경업
장군

안목 어살, 연평도 조기잡이의 시작

　　해주만 연안은 한강과 임진강, 예성강 세 강물이 황해로 합류되는 지역이다. 강에서 흘러온 토사가 형성한 얕은 모래 갯벌과 풍부한 부유물질은 조기떼에게 최적의 산란장을 제공했다. 연평 열도는 해주만으로 들어가는 길목에 있다. 연평도, 소연평도, 미력리도, 갈리도, 장재도, 초마도 등이 연평 열도를 이룬다. 남에서 올라온 조기떼는 모두 연평 열도를 거쳐야 해주만으로 진입할 수 있었다. 연평 바다 조기는 이동 중 살이 올라 칠산 바다의 조기보다 크고 기름졌다. 연평도 부근에 황금의 조기 어장이 형성된 것은 이런 지리적 요인 때문이다.
　　연평도에서 조기잡이는 안목 어장에서 처음 시작된 것으로 알려져 있다. 안목 어장의 당섬과 모니도 사이 바닷속에는 자연 둑인 '줄등'이 있다. 썰물이면 두 섬은 줄등으로 연결된다. 물살이 센 줄등 부근에 주목망(柱木網)을 설치했다. 나무 말뚝을 박아 그물을 걸고 조수에 밀려오는 조기떼를 잡는 주목망이 어살이다. 예부터 안목 어장의 어살로 잡은 조기는 크고 맛있기로 유명했다. 길이가 보통 40~50cm가 넘었다. 안목 어장의 조기는 궁에 진상품으로 올라갔다. 안목뿐만 아니라 구지도 부근에도 썰물이면 줄등이 나타났다. 구지도 줄등에도 말뚝을 박아 그물을 쳤다. 그물에는 조기뿐만 아니라 홍어, 도미, 농어, 복어 등이 대량으로 걸려들었다.

임경업 장군 조기의 신으로 등극하다

연평도의 조기잡이는 임경업 장군과 인연이 깊다. 1634년 5월, 의주부윤 임경업 장군은 병자호란 때 청나라에 볼모로 잡혀간 소현세자와 봉림대군을 구출하기 위해 황해를 건너던 중 잠시 연평도에 정박한다. 간조 때 임 장군이 가시나무를 찍어 안목 바다에 꽂게 하였는데 물이 빠지자 가시나무의 가시마다 수많은 조기가 걸렸다고 전한다. 이것을 계기로 임경업 장군은 연평도 조기잡이의 시조가 되었고 그 후 장군은 연평도를 비롯한 서해 어업의 신으로 등극했다. 연평도에는 장군을 모신 신당까지 생겼다. 하지만 이것은 어디까지나 전설일 뿐이다. 연평도의 조기잡이는 임경업 장군의 연평도 방문 이전부터 있었다. 『세종실록지리지』에 연평도 특산물로 조기가 기록되어 있고 『중종실록』에도 이미 연평도의 어전을 둘러싼 다툼이 등장한다.

역사적 사실과 부합하지 않더라도 전설은 전설 나름의 생명력을 지닌다. 그래서 전설의 사실 여부를 따지는 일은 부질없다. 신앙 또한 그렇다. 임경업 장군이 어떻게 임 장군 신이 됐는지를 따지는 것 역시 부질없다. 신앙은 논증을 필요로 하지 않기 때문이다. 믿으면 있고 믿지 않으면 없다. 임경업 장군이 조기잡이의 시조가 되고 어업의 수호신이 된 것은 아마도 섬사람들의 염원 때문이었을 것이다. 사람들이 신을 모시는 데는 나름의 이유가 있다. 추자도의 최영 장군이나, 완도의 송징 장군, 임경업 장군에 이르기까지 바다에서 신으로 모셔지는 이들 중 유독 장군이 많은 것은 섬사람들이 얼마나 많은 수탈과 억압을 받았는지를 보여주는 징표다. 그들에게는 왜구의 침입이나, 부패한 관리들의 수탈을 막아줄 힘센 장군신이 필요했을 것이다. 섬사람들은 임경업 장군 신이나 최영 장군 신에게 안전과 풍어만을 빌지는 않았을 것이다. 단지 그런 이유라면 오히려 바다의 주재자인 용왕에게 비는 편이 더 영험했으리라. 하지만 용왕은 바다 밖 세상의 일에는 관여할 수 없는 존재! 세속에서도 강력한 힘을 발휘한 장군들이 바다의 신으로 모셔진 까닭은 그 때문일 것이다.

임 장군 신을 모시던 풍어굿

황해의 섬이나 어촌 마을에서는 대체적으로 용왕 신을 섬겼지만 조기잡이 어선들만큼은 임 장군 신을 가장 크게 모셨다. 연평 면사무소 뒷동산, 임경업 장군 사당. 임 장군 신을 모시던 당집은 새로 단장된 뒤 더 이상 당이 아니다. 어부들과 서해 바다 섬사람들의

임경업 장군을 모신 연평도 충민사

신, 임 장군을 모신 신전은 사라지고 없다. 당은 조선의 충신 임경업 장군을 모신 사당으로 변질돼 버렸다. 어부들의 의지와는 무관한 변화다. 칼을 들고 갑옷을 입은 임 장군 화상은 간 곳이 없고 사당 안에는 관복을 입은 장군의 영정이 모셔져 있다. 그래도 사당은 여전히 수많은 만신(무당)들의 성지다. 사당 입구 당산나무 가지에는 오색 천들이 바람에 나부낀다.

파시 때는 연평도에 입항하는 모든 외지 배들도 임 장군 당에 제사를 올렸다. 본래는 당섬에 임 장군 당이 있었다. 임 장군 당이 연평도 본섬에 새로 생긴 뒤부터는 당섬의 작은 당은 잘 찾지 않게 되었다. 과거에는 당지기 만신도 있었다. 풍어제는 당지기 만신이 주관하거나 "인천에서 가장 말 잘하고 공수 잘 짓는(신탁을 잘 내리는) 만신"을 모셔 오기도 했다.

과거 연평도의 풍어제는 두 종류가 있었다. 연평도 주민 모두의 안녕을 비는 큰 고사(대동굿)는 주민들이 추렴하여 모셨고 배연신굿은 선주 개인이 모셨다. 배연신굿은 개인 굿이지만 큰 고사에 버금가는 규모로 행해졌다. 연평도 주민들은 매년 정월 초하루부터 보름 사이에 길일을 택해 임 장군 당에서 큰 고사를 지냈다. 마을굿이지만 그래도 굿의 중심은 배를 부리는 선주들이었다. 고사가 시작되면 조업 나갈 배들마다 깃발을 들고 와서 당 앞에다 깃대를 꽂았다. 가장 먼저 깃대를 꽂는 선주가 가장 많은 조기를 잡는 '도장원'을 한다는 믿음이 있어서 깃대를 먼저 꽂기 위한 경쟁도 치열했다. 큰 고사는 3일씩 이어졌다. 제물은 쌀과 소·돼지 고기, 떡시루 등이 올려졌다. 축원굿을 할 때는 선주들이 돌아가며 댓가지를 잡았다. 만신의 기원으로 신이 내리면 댓가지가 흔들렸다. 아이들은 고사떡을 훔쳐 먹으면 명이 길어진다는 속설을 따라 몰래 당에 들어가 떡을 훔치기도 했다.

출어 전에 선주들은 각자 자신의 배에서도 고사를 지냈다. 뱃고사는 배의 임자들이 개별적으로 모셨다. 선주들이 자기 배의 깃발을 들고 당으로 가서 돼지고기와 떡시루, 과일 등을 올렸다. 이것이 배연신굿이다. 배연신굿은 임 장군뿐 아니라 용신, 배 선왕인 물애기씨, 여러 지역의 대감 신들을 청하여 모시는 굿이었다. 굿은 선주 부인이 날짜를 받아 만신에게 요청했다. 출어를 앞둔 선원들은 부인과 잠자리를 하지 않았다. 굿을 하기 이틀 전부터는 배의 선원들이 집에 들어가지 않고 배에서 잠을 자며 바닷물에 목욕재계를 했다.

배연신굿을 준비하며 선주는 배 안에다 만장기(삼색기)와 오색기 등 온갖 깃발을 달았다. 깃발 중 단연 으뜸은 임 장군 기였다. 광목에다 임 장군을 그려 넣은 깃발을 배의 제일 높은 깃대에 매달았고 그 밑에는 '장대바리'라는 긴 무명천을 늘어뜨렸다. 굿은 뱃사람들이 먼저 배 안의 부정을 푼 뒤에야 만신이 배에 올라가 주관했다. 선원 중 원로인 영자는 바가지에 물을 담아 숯을 띄운 뒤 솔가지로 적셔 이물부터 고물까지 배 안 구석구석으로 돌아다니며 뿌렸다.

"인 부정에 누린 부정, 비린 부정, 피 부정에 상문 부정, 누추한 부정이야."

뱃고사 때뿐만 아니라 배 안에서 부정한 일이 행해졌거나 부정한 것을 목격했을 때는 그때마다 부정풀이를 했다. 부정풀이는 부정쓸기,

연평도 풍어굿에 참가한 어선들(사진: 경인일보)

부정가시기, 부정씻기 등의 이름으로 불렸다. 바가지에 바닷물이나 소금, 숯, 고춧가루 등을 담아 배 안을 돌아다니며 뿌렸다. 부정한 기운을 몰아내는 의식이었다. 소금이나 물 등의 정화력이 부정한 기운을 씻고 잡귀를 물리쳐 준다고 믿었다.

  만신은 배 안에서 여러 신들을 청하는 신청울림을 한 뒤 임 장군 당으로 당산맞이굿을 하러 이동했다. 원래 연평도 당에서는 임 장군의 화상을 걸어 놓고 당산맞이굿을 했다. 하지만 화상이 없는 곳에서는 나무 말뚝에 도포를 입혀 임 장군상으로 삼고 또 다른 나무 말뚝에 빨간 치마와 노랑 저고리를 입혀 임 장군 부인상을 삼아 굿을 하기도 했다. 임 장군 당으로 가는 행렬은 장군기를 든 사공이 가장 선두에 서고 만신과 선주, 제물을 진 사람, 선주 부인, 뱃동사들의 순으로 이어졌다. 행렬은 장단에 맞추어 어깨를 들썩이며 줄지어 올라갔다. 행렬은 당산에 이르러 제물과 향을 바치고 당산맞이굿을 시작했다. 굿은 부정풀이와 초감흥, 영정물림 등의 순서로 진행됐다. 선주 일행이 다시 바닷가로 나와 뱃동사 가족 중에 바다에서 죽은 사람의 혼을 위로하는 굿을 올리고 허수아비처럼 생긴 '산영감'을 바다로 떠나보내면 배연신굿의 모든 과정이 끝났다.

출어 전날은 꿈속에서 여자를 보는 것도 금기

일제강점기 말 임경업 장군 당과 신사에 얽힌 이야기는 당시 민중들에게 임 장군 당이 얼마나 소중한 성소였는지를 알려주는 설화다. 당시 연평도 어업조합 이사였던 와다(和田)가 주관이 되어 임 장군 사당 위에다 신사를 건립할 계획을 세웠다. 일제의 민족문화 말살 정책 차원에서 행해진 일이었다. 그런데 신사 터를 닦은 날 밤에 와다는 꿈을 꾸었다. 꿈속에서 임 장군이 나타나 칼을 들고 와다에게 호통을 쳤다.

"날이 밝으면 당장 신사 건립을 중단하고 파헤친 터를 원상복구하라. 그렇지 않으면 너에게 큰 불행이 있을 것이다."

잠이 깬 와다는 꿈이 현실처럼 생생해서 잠을 이룰 수 없었다. 날이

밝자 와다는 마을 유지들과 상의해서 신사 건립을 중단하고 터를 원상 복구했다. 그리고 임 장군 당에 제물을 올리고 제사를 드렸다. 설화는 임 장군 신앙이 조선 사람들뿐만 아니라 어업에 종사하는 일본인들에게도 영향을 미치고 있었다는 것을 알려준다.

출어 때는 연평도에도 여자와 관련된 금기가 많았다. 조업 나가는 날 아침, 여자가 앞질러 가면 재수 없다고 조업을 나가지 않는 선주들도 있었다. 출어 전날에는 꿈에 여자를 보는 것도 금기로 여겼다. 동물에 대한 금기도 많았다. 출어 날짜가 잡히면 선주나 선원들은 개고기를 먹지 않았다. 개를 잡는 곳에도 가지 않았다. 조업 중 거북이가 잡히면 술을 먹여 바다로 보내 주었다. 돼지꿈을 꾸면 만선을 이룬다고 믿었다.

연평도를 비롯한 서해안 일대의 섬들에는 기독교의 세가 강했다. 그래서 어업을 하는 사람들과 교인들 간에 마찰도 잦았다. 어떤 때는 기독교인들이 굿을 못 하게 방해를 놓기도 했다. 기독교를 믿는 선주들 중에도 배를 부리는 사람들은 굿을 안 할 수 없었다. 그래서 더러는 다른 교인들의 눈을 피해 인천 문학동 등지로 나가 굿을 하고 오는 일도 있었다.

기생놀음에 날 새는 줄 모르던 작사판

파시 철이면 술집 100개 작부만 500명

파시 때 연평도에는 요정이나 요릿집 같은 색주가만 100여 집 이상이 생겼다. 한 집에 작부가 5명씩은 됐으니 줄잡아 500명이었다. 봄, 조기파시 철이 돌아오면 연평도에 고깃배보다 먼저 들어오는 것이 상점과 색주가들이었다. 점포를 세내고 가건물을 짓고 상품을 진열하고 손님 맞을 준비에 분주했다. 색주가에서는 술을 비축하고 안주를 장만하고 작부들을 구해 오고 한철 장사 준비로 들썩였다. 장사꾼은 흑산도·위도 파시를 거쳐 오는 이들도 있었고 한몫 잡아볼 심산으로 인천 등지에서 처음 들어오는 이들도 있었다. 아예 배를 마련해 장사할 물건과 사람들을 싣고 다니며 어선을 쫓는 장사꾼들도 있었다. 어부들도 흑산도 단골이 연평도 단골이 되기도 했다.

이때가 되면 마을의 가장 앞줄, '갱변' 쪽 집들은 장사꾼들에게 한철

세를 놓고 자신들은 마을 안쪽 집에 방 한 칸을 얻어서 이사를 갔다. 그때부터 가정집이 색주가로 바뀌었다. 아무리 작은 초가집도 방이 서너 칸은 됐다. 해변가인 '갱변'에는 판자로 지은 가건물도 생기고 그곳에도 색주가가 들어섰다. '어부들을 쫓는 철새' 혹은 '물새'라 불린 작부들은 연평도에 들어오면 사진과 증명서를 제출하고 면사무소에 등록을 했다. 주점도 영업 허가를 받아야 했다. 하지만 무허가 주점이나 미등록 작부도 많았다. 400명의 작부가 등록을 하면 미등록된 작부도 200여 명은 됐다.

색주가는 주인의 고향에 따라 인천옥, 목포옥, 해주옥, 군산옥, 비금옥, 위도집, 흑산집 등의 간판을 달았다. 해변식당, 신선요릿집 등 식당 간판을 단 집들도 이름만 식당이지 다들 색시장사를 했다. 심지어 강원도 속초나 묵호에서 어선을 따라온 장사꾼이 문을 연 색주가도 있었다.

일제강점기 때는 게이샤에 카페까지

1930년대 연평 파시에는 상점 중에서 요릿집과 음식점이 가장 많았다. 일본 유곽과 일본 기생들도 있었다. 어느 해에는 요릿집에 일본 기생이 50명도 넘었다. 조선인 업소는 60여 개에 작부가 150여 명이었다. 당시 연평도의 작부 수는 해주 시내보다 3~4배가 많았다. 1936년, 연평 파시에 신고된 요리점은 300개, 음식점이 53호, 카페 1호, 이발관 9개, 목욕탕 3개, 여인숙 5개, 대서소가 2개였다.

파시 때의 흔적으로 남은 연평도 어느 여인숙 간판

등록된 작부들이 95명, 예기는 5명이었다. 그때도 등록되지 않은 작부들이 더 많았을 것이다. 해방 후인 1947년 연평도는 500호의 가옥과 주민이 3,000여 명이었다. 500여 호 중에서 파시 때 색주가로 바뀌는 집이 260여 호나 됐고 등록된 작부만 400여 명이었다.

파시 때면 술 담글 줄 아는 주민들은 막걸리와 청주를 담가서 내다 팔거나 색주가에 댔다. 쌀밥은 못 먹어도 술은 쌀로 빚어다 팔았다. 파시 때 연평도에서 유명한 술은 '박문주'라는 청주였다. 연평도 사람들이 용수 박아 뜬 쌀술이었다. 술의 빛깔이 꽃처럼 빨갛고 입에 척척 들러붙었다. 색주가에서 박문주는 됫술로 팔았다. 주민들은 막걸리를 만들어 색주가에 대거나 직접 팔기도 했다. 쌀 한 말로 막걸리를 만들어서 팔면 쌀 한 가마니 값을 벌었다.

조기배가 정박하면 나이가 어린 화장이나 늙은 영자는 배를 지키고 뱃동사 6~7명이 술집으로 몰려갔다. 뱃동사들 틈에 색시들 2~3명이 앉아 술을 쳤다. 남자들 숫자에 비해 여자가 적으니 맘에 드는 색시를 차지하기 위한 주먹다짐도 흔했다. 더러는 색시를 두고 패싸움까지 벌어졌다. 색시들 중에는 장구 잘 치고 창을 잘하는 이들도 많았다. 고급 술이라야 정종이나 박문주 정도였고 대부분은 막걸리나 소주였다. 안주는 생선탕이나 구이, 삶은 돼지고기 등이 상에 올랐다. 그때나 지금이나 색시들은 술과 안주를 먹으며 매상을 올렸다.

거미줄 진 맥주병 섞어 바가지 씌우던 색주가

고단한 뱃일에 지친 뱃동사들은 색주가에 자리를 잡고 앉으면 몇 잔 못 마시고 취해 버렸다. 그러다 그대로 방에 누워 잠들기도 하고 깨어나 다시 마시기도 했다. 뱃동사들은 돌아가며 쓰러졌다 일어나고 그렇게 밤을 새워 술을 마셨다. 막걸리나 소주를 마시던 뱃동사들도 막판에는 입가심으로 맥주를 마시곤 했다. 맥주 안주로는 사과, 배 등의 과일이나 과자가 나왔다. 하지만 그쯤 되면 거의 모든 뱃동사들이 취해서 쓰러져 잠이 들고 말았다. 아침에 배임자가 술값을 계산하려고 색주가에 들르면 맥주병이 방안 가득 차 있었다. 뱃동사들이 잠든 사이에 빈 맥주병을 가져다 두고 바가지를 씌운 것이다. 그중에는 거미줄이 진 맥주병도 더러 있었다. 선주가 항의하면 술집 주인은 밤새 거미줄이 진 것이라고 우겼다. 그러면 선주도 별수 없었다. 속는 줄 알면서 속았다. 그것이 작사판이었다. 1947년에는 "소주 한 되에 1천 원, 쌀 한 말에 680원, 고물가로 세상을 놀라게 했다"는 신문 보도(『동아일보』 1947년 5월 23일 자)까지 나올 정도로 연평 파시의 바가지는 극에 달했다.

매번 선주가 술을 사는 것은 아니었다. 대부분은 선원들 자신이 돈을 내고 먹었다. 술 먹고 술값을 못 내면 주인에게 덜미가 잡혀 갇히기도 했다. 그때는 선주가 와서 빼내 주었다. 색주가에서는 술과 여자, 노름 등 선원들이 나락에 떨어질 수 있는 모든 요소가 다 갖추어져 있었다. 힘든 뱃일로 어렵게 번 돈을 술집에서 쉽게 탕진하는 일이 다반사였다. 집에는 한 푼도 가져다주지 못한 방탕한 어부의 아내들은 혼자 힘으로 아이들 기르며 생고생을 했다.

"밤새도록 술들 처먹고 돈 떨어뜨리고, 개가 돈다발을 물고 다니고 그랬는데 뭐."

색주가라고 다 호황을 누리는 것은 아니었다. 술집도 인기 있는 집이 따로 있었다. 예쁜 색시나 재주 많은 기생, 후한 인심으로 단골손님을 많이 확보한 술집들이 돈을 벌었다. 흑산 파시나 위도 파시, 연평 파시까지 해마다 봄이면 술집과 선원들은 대부분이 함께 다녔으니 단골이 가능했다.

　봄철 파시 때 술집 누나들이 오면 동네 아이들의 마음도 덩달아 설렜다. 어린 마음에도 예쁜 누나들이 마음에 들었다. 그래서 술집에 드나들면서 누나들의 담배 심부름도 해 주곤 했다. 이름도 모르는 누나들이 "그림같이 예뻐서 장구도 잘 치고 멋있었지만 성질은 드러웠다"고 한다. 어떤 누나들은 개차반처럼 구는 손님들이 있으면 병을 깨고 덤벼들기도 했다. 파송을 치고 누나들이 떠나면 어린 마음도 쓸쓸해졌다.

어선들이 버리고 떠난 닻들로 인해 더욱 쓸쓸한 연평도 해변

조금 때를 제외하면 바람이 불어서 피항해 온 배들이 많을 때가 색주가들에게는 큰 대목이었다. 그래서 연평 파시 때면 "기생들이 갈바람 불라고 굿을 한다"는 소문도 돌았다. "바람아 강풍아 석 달 열흘만 불어라" 기원하며 몰래 숨어서 굿을 한다는 것이다. 보건소장은 1주일에 한 번씩 색주가를 돌면서 작부들의 성병 검사를 했다. 6·25 이후에는 연평도에 미군부대도 주둔해 있었다. 미군들도 색주가에 내려와 술을 마시고 가곤 했다.

화사하게 치장한 겉모습과는 달리 색시들의 고통은 말할 수 없이 컸다. 밤낮 없이 술을 마시고 험한 사내들의 비위를 맞추고 몸까지 팔아야 했으니 파시가 끝날 때쯤이면 몸과 마음이 온통 만신창이가 됐다. 색주가를 비롯한 장사치들은 봄철 조기잡이가 파송을 치면 미련 없이 섬을 떠났다.

완전
무법이야,
무법천지

바람아 강풍아 불지를 말아라

1. 소연평 꼭대기 실안개 돌고 우리 집 문턱엔 정든 님 들고
2. 돈 실러 가세 돈 실러 가세 연평 바다로 돈 실러 가세
3. 뱀자네 아주마이 인심이 좋아서 막뚱딸 길러서 화장이 췄다네
4. 백 년을 살자고 백년초를 심었더니 백년초가 아니라 이별초드라
5. 바람아 강풍아 불지를 말아라 고기잡이 간 님 고생하네
  (후렴) 니나 니나 깨노라라 아니 놀고 무엇할쏘냐

─ 〈연평도 니나나 타령〉

연평도 여자들은 뱃일 나간 남자들의 무사귀환과 풍어를 기다리며 물동이에 바가지를 엎어놓고 노래를 부르는 풍습이 있었다. 바가지 장단을 치며 즉석에서 매김소리를 넣고 부르던 그 노래가 〈니나나 타령〉이다. 니나나 타령은 연평도의 아리랑이었다. 뱃사람의 아낙들은 언제

옛 영화를 뒤로한 채 한적한 연평도 해변

남편을 잃을지 모르는 불안을 노래를 통해 잊으려 했다.

정월 대보름이면 아이들은 달마중을 나갔다. 말린 풀을 자기 나이 수만큼 작은 단으로 묶어 들고 뒷동산에 올랐다. 보름달이 떠오르면 풀단에 불을 붙여 달님에게 운수와 건강을 빌었다. 연평도의 달집태우기 풍습이다. 달이 떠오르는 것을 가장 먼저 본 아이가 그해 운수가 가장 좋다고 믿었지만 장난하고 노느라 아이들은 달이 떠오르는 순간을 제대로 볼 수가 없었다. 그래도 떠오른 달을 향해 아이들은 소원을 빌고 또 빌었다.

1960년대 연평도의 집들은 대부분이 초가집이었다. 살림살이가 다들 고만고만했다. 배를 부리는 연평도 사람 중에는 한 4~5년 조기잡이를 해서 돈을 벌면 뭍으로 이주하는 경우가 많았다. 주로 충청도 지방으로 나가 논을 사서 농사를 지었지만 인천 등지에 상점을 여는 사람도 있었다. 연평도에는 조기만이 아니라 굴과 조개, 새우도 많이 났다. 1936년 8월에는 연평도에 몰려든 새우잡이 어선이 600여 척에 달하기도 했다. 연평도 사람들은 굴을 깨거나 새우젓을 담가두었다가 연백에 나가 쌀이나 조 등의 곡식과 바꿔 왔다. 한번 굴 장사 갔다 오면 벼나 조가 몇 가마씩 쌓였다. 그것으로 일 년치 양식을 했다. 굴은 쩍이 하나도 없이 깨끗하게 씻은 뒤 볏짚으로 엮은 '굴 오재비'에 담아가서 팔았다. 방수가 되는 굴 오재비에는 바닷물을 채워 굴의 신선도를 유지했다.

물동이 이고 물장사하던 연평도 여자들

조기잡이 배들이 들어오면 연평도의 여자들도 바빠졌다. 연평도에 정박한 배들은 물과 식량, 장작 등을 보급받았다. 여자들은 이때를 틈타 물을 팔기 위해 물동이를 이고 갯가에 늘어섰다. 동쪽의 된진몰 해안부터 서쪽의 소상개 해안까지 물동이를 인 여자들이 물을 이어 날랐다. 여자들은 허벅지까지 바닷물에 빠져가며 한 통이라도 더 팔기 위해 이 배에서 저 배로 옮겨 다녔다. 수천 척의 배가 보통 열흘 넘게 마실 물을 저장해야 했으니 동네의 큰 우물이 자주 말랐다. 한 배당 3~5드럼(50~60동이)의 물이 필요했다. 물은 주로 초등학교 앞 큰 우물이나 천주교회 앞 우물에서 길어 날랐다. 밤에 물을 퍼놨다가 아침에 조기배들이 들어오면 내다 팔았다. 물값은 돈으로도 받고 생선으로도 받았다. 배에서는 조기 외에도 홍어, 민어, 도미 등의 잡어를 말려 놨다가 물과 바꿔먹기도 했다. 어느 해 봄에는 물 때문에 연평도 청년들과 일본 어선 간에 싸움이 벌어지기도 했다. 나가사키에서 온 일본 선원들이 연평도 여자들에게 물을 사지 않고 함께 배를 타고 왔던 일본 여자들을 시켜 우물에서 물을 직접 긷게 한 것이 발단이었다. 그 때문에 연평도 청년들이 정박해 있는 일본 어선들을 향해 돌을 던지며 항의하는 사태가 벌어진 것이다.

파시가 번성해도 대부분의 주민들에게는 별다른 이익이 돌아가지 않았다. 1957년 국립박물관 조사단이 흑산 파시를 조사하고 남긴 기록으로 미루어 연평 파시 또한 일부 선주를 제외한 지역 주민들의 이익에는 크게 기여하지 못했음을 짐작할 수 있다.

    성어기마다 각처에서 모여든 무수한 어선의 선주 및 선원을 상대로 하는 음식업, 접객업자 등이 운집하여 상시 한적한 어장은 일시에 은성을 극하게 되니 이들이 모여들어 영업을 하는 곳을 소위 파시라고 칭한다. 소위 파시에 모여드는 상인들은 흑산도와는 전연 관계없는 외래인들로서 그들은 어기가 끝나서 어선과 어부가 다른 어장으로 이동함에 따라 마치 물결에 흐르는 나뭇잎과 같이 그들의 뒤를 쫓아 홀연히 그 자취를 감추게 되며 아울러 이 막대한 금액도 그들과 더불어 사라지는 것이다. 파시를 하나의 연극무대로 비유한다면 거기서 벌어지는 연극은 부유한 선주, 노임을 얻은 어부, 외래 상인의 3자가 주역을 담당하며, 이들 상인에 따른 접객부들이 조역을 맡아 보는 연극이며 여기에 본래의 원주민들은 멀리서 바라보는 관극자로서밖에는 아무것도 아닌 것이다.

    —『1957년 국립박물관 특별조사보고서』 중에서

    연평 파시 때도 대부분의 주민들은 간통에 조기를 절이고 굴비 말리기 등의 품팔이로 작은 소득을 올리는 것이 고작이었다. 품팔이를 나간 주민들은 대체로 글을 몰라 임금을 받을 때면 조약돌을 쌓아가며 셈을 했다. 조기 임자에게 돈을 받아 조약돌 숫자대로 나눠 가졌다. 파시 때면 아이들도 가만히 놀고만 있지 않았다. 용돈벌이에 조기를 이용했다. 어른들 곁에서 배운 대로 어른들 흉내를 냈다. 외상으로 빵을

도시의 어느 골목처럼 집들이 다닥다닥 붙어 있는 연평도 마을

사서 배를 돌아다니며 선원들에게 팔았다. 선원들은 조기를 주고 빵을 사줬다. 그것으로 용돈벌이가 됐다. 연평도 땅이 온통 널어 말리는 조기 천지였으니 아이들은 또 조기를 슬쩍 주워다 엿이나 호떡을 바꿔 먹기도 했다. 큰 조기 두 마리를 가져가야 호떡 한 개를 줄 정도로 조기 값이 쌌다.

당구장, 빵집, 야바위꾼까지 몰려들던 파시

일제강점기에도 파시 때면 백조환과 녹두환 두 척의 연락선이 인천과 해주에서 연평도까지 매일 운항할 정도로 연평도에는 사람들의 출입이 빈번했다. 파시 때 "연평도 어업조합 하루 출납고가 조선은행의 출납고보다 많다"고 할 정도로 연평도는 돈이 넘치는 황금의 땅이었다. 조기가 그대로 현금이었다. "돈 실러 가세, 돈 실러 가세, 황금바다 연평 바다로 돈 실러 가세"라고 부른 노래는 그러한

연평도 파시 때 조기배를 탔던 노인들이 그 시절을 증언하고 있다.

배경에서 나온 민요였다.

파시가 서면 수많은 상점들이 새로 생겼지만 색주가와 함께 가장 많은 소득을 올린 곳은 선구점이었다. 연평도의 선구점은 외지인뿐만 아니라 김동문, 박홍표 씨 등 이재에 일찍 안목이 트인 몇몇 연평 사람들도 경영했다. 선구점에서는 어구는 물론 쌀과 장작 등 선상 생활에 필요한 거의 모든 물품을 팔았다. 사람들이 넘치는 파시 때는 모든 장사꾼들이 바가지를 씌울 준비가 되어 있었다. 짧은 순간에 한몫을 잡아야 했으니 정상적인 상도덕이나 질서 따위는 찾아볼 수 없었다.

"무법이야, 완전 무법이야, 무법천지." 파시 때면 쌀을 사러 가도 제대로 무게를 달아 주지 않았다. 주인이 담아 주는 것이 한 가마고 한 말이었다. 무게를 달아 보자고 하면 "그럼 딴 데 가서 사"라며 배짱을 부렸다. 물건이 부족하니 속는 줄 알면서도 속았다. 해상이나 지상이나 파시의 주인은 어부들이 아니었다. 장사꾼들이었다. 파시 때면 잡화점, 약국, 목욕탕, 이발소, 당구장, 옷가게, 고무신 가게, 빵집, 과일 가게 등 없는 것 없이 다 생겼다. 색시를 두지 않고 자기 집에서 막걸리만 빚어 파는 주민들도 있었다. 강변 자갈밭에는 엿장수와 호떡장수, 야바위꾼도 몰려들어 판을 벌였다.

그때는 '뺑뺑이'라 부르는 야바위도 성행했다. 뺑뺑이는 번호 매긴 표적을 세우고 총으로 맞히면 건 돈의 두 배를 가져가는 도박이었다. 노점에서는 붕어빵이나 찐빵도 팔았다. 주민들도 엿이나 묵, 두부 등을 만들어 팔기도 했다. 연평도 주민 강순환 씨가 하는 냉면집도 인기가 좋았다. 시장통에는 떡집, 국수집도 즐비했다. 낮에 시장에 나가면 물건을 사려는 색시들이 줄을 섰다. 잡화점에서는 색시들이 옷도 사고 분도 사고 신발도 사 갔다. 파송 때는 집으로 돌아가는 어부들이 아이들 옷가지며 신발 등속을 사 갔다.

 해방 전까지는 일본 사람도 여러 집 살았다. 배를 만드는 삼나무 수입상을 하던 '하마다'라는 일인은 황해도 전역에 대한 삼나무 공급 허가권을 갖고 있었다. 그의 집은 '갱변' 쪽의 2층 목조주택이었는데 선주들은 그의 집 앞에서 어선을 지었다. 인천이나 해주의 선주들도 그에게 삼나무를 사기 위해 연평도를 찾아왔다. 파시가 서면 하마다는 선구점도 크게 열었다. 일본에서 물품을 직접 가져다 팔았다. '이께다'라는 일인은 파시 때 목욕탕을 했다. 장작불로 물을 끓여 목욕물을 댔다. 그는 연평도에 처음으로 포도원을 열고 포도를 재배하기도 했다.

연평도와 하인천 어시장

수도권 최대의 수산물 시장

분단과 전쟁을 거치면서 연평 파시의 주요 고객이던 개성, 평양, 해주 등 이북 지방으로의 교역은 차단됐다. 그와 함께 서울의 마포나루를 출발해 한강의 물길을 따라 연평도로 이어지던 뱃길도 끊기고 말았다. 그때부터 인천은 연평 어장의 조기들이 뭍으로 들어가는 가장 중요한 통로가 됐다. 당시 인천의 포구는 화수, 만석, 화평 부두 등 여러 곳이었지만 그중에서 중심은 지금은 매립된 하인천 포구였다. 한강 뱃길이 끊어지자 마포의 경강상인들도 이주해 와 하인천과 화수동 부둣가에 자리를 잡았다. 인천이 수도권 수산물의 최대 공급처가 된 것이다.

조기 철이면 하인천 부두는 조기잡이 어선과 상고선, 상선 등이 드나들며 북새통을 이루었다. 안강망 배들은 조금 때면 직접 조기를 싣고 하인천으로 들어왔다. 조기는 헤아릴 수 없이 많아 숫자로 세지 않

대연평도와 함께 연평면을 이루는 소연평도

고 무게로 달아 거래했다. 어선들은 볏짚으로 짠 가마니에 조기를 10관씩 담아왔다. 어선들이 몰려오면 배에서 조기 가마니를 지고 내리는 부두 노동자들의 발길이 바빴다. 부두로 들어오는 모든 어패류는 '강제 상장제'에 따라 수협 위판장의 경매를 거쳐야 거래가 가능했다. 수협 위판장은 지금의 하인천역 철길 건너 좌측에 있었다. 하인천 위판장은 경기도 수협 지부에서 관리했고 화수동 위판장은 인천 수협이 관리했다.

하인천 부두 주변에는 어시장의 좌판들과 수십 개의 대형 상회들이 성시를 이루었다. 경인상회, 부흥상회, 용유상회, 미자상회, 종호상회, 대남상회, 오씨상회 등이 조기를 비롯한 생선과 굴, 조개 등의 패류를 도소매 했다. 객주들은 서울이나 인천, 경기 지방의 상인들에게 수산물을 도매로 넘겼다. 서울의 노량진 시장이나 인천의 여러 시장 상인들도 하인천에서 수산물을 사다가 팔았다.

자본력 없는 연평도 선주들은 봄 출어 전에 하인천의 상회 객주들에게 '마이가리'(전도금)를 타다 선원들에게 '용'(선불금)도 주고 출어자금으로도 썼다. 선주들은 수협의 경매 수수료와 상회의 중개 수수료, 전도금을 제하고 난 금액을 손에 쥐었다. 한 배에 들어가는 그물이 많게는 몇 천 발, 적게 잡아도 1,500발 이상씩 들어갔다. 선주들은 그물 비용만 해도 어깨가 휘청거렸다. 1950년대에는 1할 5푼의 고리로 '마이가리'를 썼다. 인천의 상인들은 객주이자 전주였다.

하인천 어시장의 역사는 1900년대 초부터 시작됐다. 개항 전 인천은 한적한 항구에 불과했다. 일본인들의 거주가 늘어나면서 인천에 최초로 어시장이 생겼다. 일본인들은 1887년 몇 척의 어선으로 남양에서 강화까지 인천 바다의 어로권을 획득했다. 일본인들은 인천에서의 수산물 판매권도 얻었다. 1895년에는 인천 앞바다에서 어로를 하는 일본 어선이 30여 척으로 늘어났다. 그 무렵부터 조선의 재래식 어선들도 인천항으로 모여들기 시작했다.

인천 최초의 어물 객주는 1890년, 한양의 청파동에 살다 인천으로 내려온 정흥택 형제였다. 정씨 형제는 어선들이 드나드는 신포동 부둣가에 어물전을 짓고 수산물 도매시장을 설립했다. 정흥택의 막내 동생 정세택과 장남 정태영이 어물전을 운영했다. 둘째 동생 정순택은 기차에 선어물을 실어 서울의 시장으로 보내는 중개상을 했다. 어물전의 주요 고객은 일본인 주부들과 조선인 음식점 주인들이었다. 일반 조선인들은 생선 지게장수에게 한꺼번에 많은 양의 생선을 사서 염장하거나 말린 뒤 보관해 두고 먹는 것이 관습이라 어물전을 잘 이용하지 않았다. 일본인들은 필요할 때마다 그때그때 어물전으로 나와서 생선을 사갔다. 얼마 지나지 않아 일본인 어시장도 생겼다. 1898년 5월, 이나다 가츠히코란 일인이 '조선인 어업자 양성'이라는 명목으로 청나라 거류지에 어시장을 개설했다.

1900년 초부터 인천 해안 매립공사가 시작되자 신포동의 도매시장은 북성동 하인천부두로 옮겨 갔다. 하지만 하인천으로 옮긴 도매시장은 1907년 일본인들이 세운 인천수산주식회사에 흡수되고 말았다. 1930년대부터는 일본인들이 인천지역 어시장의 상권을 독점하기 시작했다. 1932년, 임겸상점은 15톤 규모의 어업용 제빙 공장을 설립해

지금은 한적한 만석부두(왼쪽)와 북성부두(오른쪽) 풍경(사진: 경인일보)

어선들과 시중에 얼음을 공급했다. 채미전에서 어물전인 인화상회를 경영하던 양인수의 아들 양성혁은 1930년대 후반부터 일본에 조기를 대량으로 수출하기도 했다. 오랜 세월 흥성하던 하인천부두는 1975년 항동의 연안부두로 어시장이 옮겨가면서 흔적도 없이 사라져 버렸다.

조기 서리의 추억

하인천 객주들도 굴비를 만들었다. 지금의 대우기계 마당 자리는 온통 조기 말리는 냄새가 진동했다. 굴비를 만든 뒤 두름으로 엮는 연평도와는 달리 상회 주인들은 조기를 두름으로 엮어서 말렸다. 당시에는 상인들뿐만 아니라 일반 주민들도 조기철이면 조기를 대량으로 사다가 말려놓고 일 년 반찬을 하는 것이 풍습이었다. 봄이면 생선 장수들이 생선을 지고 이 골목 저 골목을 헤매고 다녔다.

주민들은 생선 행상의 외침을 듣고 조기며 민어들을 사들였다. 인천 시내 집집마다 조기 말리는 냄새가 진동했다. 아이들은 과일 서리하듯 조기 서리를 하기도 했다.

"1960년 중반까지는 아무 길바닥에나 조기를 말리는 풍경이 흔했다. 특히 자유공원을 중심으로 중구 대부분 동네 골목길은 조기를 말리느라고 펴놓은 가마니가 지천으로 널려 있어서 여기저기 발길에 차일 정도였는데 웬만한 집조차도 보통 5백 마리, 한 동쯤은 사서 널었다. 동이라는 말은 당시 우리 인천에서는 5백 마리를 한 동으로 계산했던 것 같다. 조기는 몸 크기가 대략 40센티 되는데 그런 놈들은 비늘도 좀 과장해서 어른 엄지손톱만큼 했던 것으로 기억된다. 잿빛을 띤 은색 광택이 있고 배 쪽은 붉거나 황금색인데 수백 마리가 시뻘건 알집을 밑으로 삐죽이 내밀고 누워 있는 광경은 그야말로 장관이었다. 학생이었던 우리들은 가끔 내동이나 송학동 쪽 골목길에서 조기 서리를 했다. 지나가다가 슬며시 한두 마리를 집어 가방에 넣거나 동복 윗도리 가슴속에 품고 줄달음을 쳤다. 가방과 몸뚱이에 조기 비린내가 배는 것은 말할 나위가 없지만 그 기막힌 맛에 비하면 까짓 비린내야 아무것도 아니었다. 이렇게 서리한 반쯤 마른 굴비는 학교 뒤 숲에 들어가서 원시인처럼 그냥 날로 찢어 입에 넣기도 했고, 어느 때는 친구네 셋방 연탄 화덕에 올려 인근에까지 참으로 화려한 냄새를 풍겨주기도 했다. 굴비는 좀 청승스럽지만 그때의 방식으로 먹어야 더 맛이 있을 것으로 생각된다. 전기밥통이 없던 시절이니 밥은 당연히 찬밥이고 거기에 먹다 남은 굴비 토막을 뒤적여 대가리와 가시까지 쪽쪽 빨아먹는 맛!"

—『인천 개항장 풍경』 중에서

생물 조기는 굽거나 탕으로 먹었다. 하지만 당시 사람들은 조기를 염간해서 사나흘 꾸득꾸득 말려 먹거나 오랫동안 바짝 말려 굴비를 만들어 먹는 것을 즐겼다. 바짝 마른 굴비는 항아리에 넣어두고 반찬을 했다. 여름철, 단단하게 마른 굴비의 비늘을 쳐내고 가늘게 찢은 다음 참기름에 무쳐서 밥반찬을 하거나 술안주로 먹는 맛은 일품이었다. 굴비는 쪄 먹기도 했다. 찜통에 찌는 것이 아니라 냄비에 물을 자박자박 붓고 끓이면 짭짤하고 뽀얀 국물이 우러나왔다. 그 맛 또한 기가 막혔다. 그래서 인천 출신의 신태범 박사는 "산뜻한 단맛을 풍기는 조깃국은 일품이고, 굴비가 없이는 여름 살림을 못 하는 줄 알았던 시절이 오랫동안 있어 왔다"고 회고했다.

연평도 황금시대의 종말

연예인들이 공연을 하고 개도 돈다발을 물고 다니고

　　일제강점기 때 연평도에는 상주하는 경찰이 없었지만 파시 때면 해주에서 임시로 경찰들이 파견 나왔다. 일본인 소장이 순사 3~4명을 데리고 들어왔다. 순사들만으로 인원이 부족해 파시 기간 동안 임시직원을 썼다. 그들을 '대리 순사'라 했다. 순찰은 대체로 완장과 목검을 찬 대리 순사들 몫이었다. 하루도 사고가 없는 날이 없었다. 섬에서 해결하기 어려운 큰 사고가 나면 해주로 무전을 쳤다. 경찰선이 바로 달려와 범인들을 싣고 갔다. 파시가 끝나면 순사들은 철수하고 다시 연평도는 구장(區長)을 비롯한 섬의 원로들과 주민들이 동규(洞規)에 따라 자치적으로 질서를 유지해 나갔다. 그것을 '동네 방'이라 했다. 법규를 위반한 사람이 있으면 구장 집 마당에서 주민들이 지켜보는 가운데 멍석말이를 하거나 곤장을 쳐서 다스렸다. 섬에 금주령이 내려졌는데 발각이 되면 주민들 앞에서 밀주 단지를 깨 버리기도 했다. 6·25 이후에는 파출소와 헌병대, 보안대가 주재했다.

일제 때는 조기의 생태를 연구하기 위한 일본인 어류학자의 방문도 있었다. 1930년 5월 조선총독부 부산 시험장 기사로 근무하던 우치다 케이타로(內田惠太郞)는 인천에서 시험선을 얻어 타고 조기의 생태와 산란을 조사하기 위해 연평도를 찾았다. 1967년 6월에는 정일권 국무총리 일행이 연평 파시를 격려 방문할 정도로 연평도 조기잡이는 국가적으로도 중요한 산업이었다. 파시 때면 카바레도 생기고 가설 신파극장이나 곡마단도 들어왔다. 연예인들이 위문 공연을 오기도 했다. 공연은 대부분의 배들이 들어오는 조금 물때에 주로 열렸다. 1960년대에는 파출소 앞 공터에 가설극장이 생기고 백남봉, 양훈, 양석천 같은 코미디언이나 장소팔, 고춘자 같은 만담가들이 공연을 했다. 배뱅이굿으로 유명한 이은관도 공연을 했다. 모두 당대의 톱스타였다.

공연이 끝난 다음 날 가설극장 터에 나가면 돈다발을 줍는 일도 흔했다. 선주나 선원들이 술 취해 구경을 나왔다가 떨어뜨리고 간 것이었다. 파시 때는 개도 돈다발을 물고 다녔다는 말이 헛소리가 아니었다.

연평 어민 위안잔치의 한 장면(1964년 4월).(왼쪽) 연평도를 방문한 정일권 국무총리(1967년 6월).(오른쪽)

파시에 사람과 돈이 몰리니 간혹 폭력배들이 꼬이기도 했다. 하지만 그들은 얼마 버티지 못하고 연평도에서 쫓겨났다. 일제강점기 때 어느 해던가 해주 시멘트 회사의 오야붕이라는 폭력배가 부하들을 이끌고 연평도를 '접수'하러 왔다. 해주 깡패가 왔다기에 선원들과 마을 사람들이 구경을 갔다. 오야붕이란 자는 머리에 기름을 잔뜩 바르고 긴 앞 머리카락을 왼쪽으로 돌려서 붙였는데 무엇으로 붙였는지 바람이 불어도 머리카락이 떨어지지 않았다. 오야붕은 지팡이 손잡이에 쇳덩이를 덧댄 '등산마찌'를 무기 삼아 들고 왔다. 하지만 연평도에 모인 선원들이 다들 힘깨나 쓴다는 거친 뱃사람들이었다. 선원들이 깡패들을 에워싸고 "야야, 너 해주에서나 깡패 노릇 하지 연평 와서 깡패 노릇 하려고 하냐"고 엄포를 놓은 뒤 멱살을 틀어쥐니 바로 항복하고 이내 줄행랑을 쳤다.

눈물의 연평도

사리 때면 밀물이 갱변 술집 문턱까지 차올랐다. 어떤 선원들은 만취해서 자갈밭에 자다가 물위에 뜨기도 했다. 지켜보던 사람들이 "저 사람 죽겠네" 소리치며 달려가 구했다. 아침이면 또 갈 가마 아궁이에서 잠든 선원이 발견되는 일도 잦았다. 밤에 술 취한 선원이 자기 배를 찾아가지 못하고 온기가 남아 있는 갈 가마 아궁이에서 잠들었던 것이다. 작은 섬에 수만 명의 사람들이 몰리는 파시 때는 모든 것이 부족했지만 그중에서도 화장실 부족이 가장 큰 문제였다.

공중화장실이 있었지만 수많은 사람들을 다 수용할 수 없었다. 그래서 새벽이면 진풍경이 벌어졌다. 어둑한 해변에 작은 불빛들이 길게 늘어서서 깜빡거렸다. 수백 명의 사람들이 해변에 앉아 함께 대변을 보며 담배를 피우는 불빛이었다.

연평도에서도 폭풍으로 많은 사람들이 죽었다. 1934년 연평도에 큰 폭풍이 몰아쳤다. 6월 1일 아침부터 비가 오고 풍랑이 일자 어선들이 내항으로 피항해 들어왔다. 내항에 들어온 어선은 600여 척. 6월 2일 오후 4시경, 강력한 폭풍이 몰아쳤다. 600여 척의 어선들이 서로 부딪치면서 충돌해 323척이 파손되고 204명이 물에 빠져 죽었다. 후일 황해도 지사와 황해도 수산협회에서 조난자 위령비를 세웠다. 연평 우체국 앞에 세워졌던 위령비는 지금 조기박물관 근처로 옮겨져 있다.

사라호 태풍 때도 수많은 조기배들이 뒤집어졌다. 해변의 판잣집들이 쓸려가 버리고 피항을 온 배들도 서로 부딪치면서 파손되고 침몰해서 많은 사람들이 죽었다. '눈물의 연평도'를 만든 태풍 사라는 1959년 9월 15일, 사이판 섬 해역에서 발생해 한반도에 막대한 피해를 입히고 동해로 빠져나가 소멸했다. 전국적으로 사망·실종 849명, 이재민이 무려 37만 3,459명이나 됐다. 선박은 1만 1,704척이나 파손됐으며 재산 피해는 1,900억 원에 달했다. 연평도에 피항을 들어온 어선들도 서로 몰려 있다가 부딪치는 바람에 파손되고 침몰해 피해가 컸다.

연평 파시 때 가게로 쓰였던 건물이 지금은 폐허가 되었다.

어로저지선과 파시의 끝

연평도 근해에서 조기가 가장 많이 잡히는 어장은 구월이 안골을 비롯한 해주 인근 바다였다. 해방 뒤에도 38선 이남인 대수압도 북쪽 해주만까지 남한의 조업구역이었다. 하지만 6·25 이후 휴전이 되면서부터 황금어장의 대부분이 북쪽의 영해가 됐다. 남쪽의 어선들은 연평도 북쪽 1.3km 거리인 NLL 이남에서만 조업이 가능했다. 그러나 조기를 쫓는 배들은 황금어장을 눈앞에 두고 조기떼를 포기할 수 없었다. 월선 조업을 단속하는 남북 양측의 감시가 있었지만 감시를 피해 미륵리도 등 북쪽 섬들 앞까지 숱하게 넘어 다녔다. 월선하면 잡히는 조기의 양이 대여섯 배가 넘으니 위험을 감수하고라도 넘어 다녔다.

그 과정에서 밤에 몰래 북쪽 바다로 넘어가 조업하던 남한 배들이 북한의 포격을 받고 침몰하는 사건들이 자주 발생했다. 1955년 5월에는 북한군이 월선 조업 중이던 남한 어선들에게 집중 포격을 하여 수십 명이 사망했다. 그 후에도 남한 쪽 배들의 월선 조업은 계속됐다. 1957년에는 연평도 선적의 배가 북쪽으로 넘어가 조업하다가 육섬 뒤쪽에서 북한군의 포를 맞고 침몰했다. 3명만 살아 나오고 5명이 사망했다. 하지만 월선 조업은 중단되지 않았고 남북 간 마찰의 주요 원인이 되었다. 그러던 중 남한 정부는 1968년, 연평도 북쪽으로 어선들의 항해를 금지하는 어로저지선(어로한계선)을 만들었다. 그와 함께 연평도에 있던 서해 어로지도 본부도 덕적도 북리항으로 옮겨 갔다.

조기파시로 황금시대를 구가하던 연평도는 이제 한적한 어촌이 되었다.(위) 연평도 어업조합 건물도 지금은 사라지고 없다.(아래)

그 무렵은 오랜 세월 남획의 결과 조기의 어획량이 급격히 줄어들던 시점이었다. 설상가상으로 1969년부터 황해에 한랭전선이 깔려 칠산, 연평 어장의 수온이 올라가지 않았다. 물 온도가 섭씨 11~12도 이상이 돼야 조기가 회유하는데 수온이 차자 조기떼는 북상하지 않고 남해에 머물렀다. 유자망 어선들은 가거도나 홍도 근처에 그물을 내리고 조기를 잡아 올렸다. 조기떼가 연평 어장으로 올라갈 길이 아주 막혀버린 것이다. 1969년에는 어로저지선이 남쪽으로 더 내려오고 어선들의 출입항마저 자유롭지 못하게 됐다. 연평도 근해에서는 어선이나 운반선의 단독 운항이 금지되고 여객선 출항 시에만 따라서 움직일 수 있었다. 그렇게 수백 년을 이어오던 연평 어장의 조기잡이가 끝나고 파시도 종말을 고했다.

2부

- 신선의 섬, 민어의 고장

- 눙구렁이 울면 비가 오고

- 쟁기로 바다 밭을 갈던 어민들

- 민어떼가 몰려들면 바다가 온통 뻘갰다

- 1936년 8월, 민어의 어기로 덕적도 대혼잡

- 덕적도 선주들은 돈을 포대로 담아 놓고 썼다

- 굴업도 앞바다가 인천 항구 같았어

- 굴업도는 정거장이었어, 전국의 배들이 여기서 다 잡아 갔지

인천 최고의 어장 덕적도

섬에서는

먼 산이 가깝게 보이면 비가 왔다.

낙조 때 서쪽 바다가 붉게 물들면 비가 왔다.

쌍무지개 뜨면 비가 왔다.

능구렁이 울면 비가 왔다.

머리가 가려워도 비가 왔다.

신선의 섬, 민어의 고장

삼국시대 당나라 침략군의 전진기지

    덕적도 서포 1리 마을 민박집. 주인 노인이 만든 솔방울 베개를 베고 잔 때문이었을까. 밤새 솔바람 소리를 들었다. 바람이 불고, 눈보라 치고, 햇볕 따뜻한 봄이 오고, 비가 내리고, 밤과 낮이 수시로 교차했다. 소나무에 새순이 돋고, 송홧가루가 날리는가 싶더니 해변은 사람들 소리로 떠들썩했다. 물놀이하는 사람들, 솔숲 그늘에 누워 낮잠을 자는 사람들, 고기 굽는 냄새, 조개 잡는 아이들, 찬바람이 불고 해변은 다시 텅 비어 버렸다. 그렇게 세월이 갔다. 꿈이었다. 꿈을 꾼 것은 나그네였을까, 베갯속 솔방울들이었을까.

  나그네는 섬에 오면 어디보다 먼저 산으로 간다. 모든 섬은 산이다. 어제 산길을 따라 서포리까지 왔다. 사람들은 섬에 도착한 순간 대체로 해변으로 달려가지만 해변에서는 섬을 볼 수 없다. 산에 올라가야

비로소 섬의 본모습이 보인다. 요즈음은 아무리 작은 섬도 거의 모든 도로가 포장되어 있다. 섬의 산에 오르면 덤으로 얻을 수 있는 것 중 하나가 흙길 걷기의 즐거움이다. 나그네는 누구보다 먼저 섬의 속살에 안겨 볼 수 있다. 흙과 나무와 바람의 향기, 숲에서 한 번 걸러진 바다 내음도 한결 청량하다. 대체로 섬의 산은 높지 않은 까닭에 가볍게 오를 수 있다. 산길을 걸으며 푹신한 흙을 밟는다. 몸이 새털처럼 가벼워진다. 공중의 구름을 걷는 느낌이 이러할까. 사람이 관절이 상하고 자주 무릎이 아픈 것은 걷지 않아서가 아니다. 흙길을 걷지 않기 때문이다. 더 이상 사람이 걸을 수 있는 흙길이 남아 있지 않기 때문이다.

평화롭고 한가한 덕적도 서포리 마을 해변

덕적도에서도 선사시대부터 사람살이가 시작됐다. 삼국시대 초기에는 백제의 영토였으나 덕적도 또한 한강 유역의 다른 지역들처럼 신라와 고구려에 번갈아 점령당한 경계의 땅이었다. 고려 말부터 조선 초까지는 왜구들 때문에 섬은 사람이 거주하지 않는 공도(空島)가 되었다. 다시 사람이 살기 시작한 것은 임진왜란 이후부터다. 사람의 거주가 허락되면서 덕적도에는 첨사를 진장으로 하는 진이 생겼다. 조선시대 내내 남양부와 인천 도호부에 속했던 덕적도는 일제강점기 때 부천군에 소속되었다가 1973년 경기도 옹진군의 일부가 되었고, 1995년 행정구역 개편에 따라 옹진군이 인천시로 편입되면서 100여 년 만에 다시 인천의 강역이 됐다.

덕적도는 고대 황해 횡단 항로의 중요한 길목이었다. 그래서 덕적도는 당나라의 백제 침략 때 소정방이 이끄는 당나라 군대의 백제 침략 전진기지가 됐다. 660년, 수륙 13만 명의 대군을 끌고 침략전쟁에 나선 소정방의 당나라 군은 4개월간 덕적군도를 13만 군대의 주둔지 겸 군수품 보급기지로 활용했다. 덕적도 바로 옆 소야도에도 당나라 군의 진지로 추정되는 유적들이 남아 있다. 당나라 군은 덕적도에 주둔했다가 기벌포로 상륙해 신라와 협공으로 백제를 멸망시켰다. 그런 덕적도는 수려한 경관으로도 이름 높았다.

덕적도는 당나라 소정방이 백제를 정벌할 때 군사를 주둔시켰던 곳이다. 뒤에 있는 3개의 돌 봉우리는 하늘에 꽂힌 듯하다. 여러 산기슭이 빙 둘러쌌고 안쪽은 두 갈래 진 항구로 되어 있는데 물이 얕아도 배를 댈 만하다. 나는 듯한 샘물이 높은 데서 쏟아져 내리고 평평한 냇물이 둘렸으며 층 바위와 반석이 굽이굽이 맑고 기이하다. 매년 봄과 여름이면 진달래와 철쭉꽃이 산에 가득 피어 골과 구렁 사이가 붉은 비단 같다. 바닷가는 모두 흰 모래밭이고 가끔 해당화가 모래를 뚫고 올라와 빨갛게 핀다. 비록 바다 가운데 있는 섬이라도 참으로 선경이다. 주민들은 모두 고기를 잡고 해초를 뜯어 부유한 자가 많다. 여러 섬에 장기 있는 샘이 많은데 덕적도와 군산도에는 없다.

― 『택리지』 중에서

13,000 인구가 지금은 1,300명으로 줄어

과거 덕적도는 덕물도, 득물도 등 여러 이름으로 불렸다. 면적 20.87km², 해안선 길이 37.6km, 여의도의 4.5배쯤 되는 큰 섬이다. 덕적면은 덕적도, 소야도, 굴업도를 비롯한 유인도 8개, 무인도 34개 등 모두 42개의 섬으로 이루어져 있다. 2009년 1월 5일 기준, 덕적면 전체 인구는 930가구 1,800명. 덕적면 소재지가 있는 덕적도에는 679가구 1,294명의 사람이 산다. 어가(35%)보다 농가(38%)가 약간 많다. 농어가 다수는 민박 등의 관광업을 겸하고 있다. 기독교의 세가 지배적인 덕적면 관내의 종교 시설은 교회가 5개, 성당이 2개지만 절은 없다. 의료시설도 열악하다. 보건 지소와 보건 진료소가 1개씩 있으나 병·의원은 없다. 덕적면 전체에 자동차는 552대, 선박은 67척이다.

옛 자료에 따르면 1954년 덕적도의 인구는 2,244호 12,788명이었다. 6·25 직후라 원주민보다 피난민이 약간 더 많았다. 원주민이 6,039명, 피난민이 6,749명. 무속을 제외하면 당시에도 종교는 기독교가 대세였다. 기독교인은 500여 명이나 됐지만 절은 선갑도에 하나뿐이었고 그 절에도 신도가 없이 파계승만 1인이 거주했다. 당시 덕적군도 전체에 라디오는 25대였고, 신문은 110부를 구독했다. 인천신문 50부, 연합신문 30부, 조선일보 30부. 신문은 대부분 유지들과 관공서에서 구독했다. 그때는 덕적도에도 미군부대가 주둔했다. 미군부대에서 흘러나온 담배 등의 물품을 판매하는 좌판이 2~3개 있었다. 의료인은 의사 3명, 한의사 2명, 수의사 1명과 의생 3명이었다.

　전쟁 직후에도 덕적도는 산림이 울창했다. 그래서 피난민들은 도벌로 생계를 유지하는 경우가 많았다. 피난민의 집들은 해변에 다닥다닥 붙어있어서 '게딱지 집'이라 불렸다. 피난민들의 정착 초창기에는 본동(선주민) 주민들과 피난민들이 서로의 동네를 왕래하기 어려울 정도로 험악했다. "죽지 않을 만큼 때려주고 맞기도" 했다. 선주민과 피난민 간에 싸움이 일어나면 선주민들은 "피난민하고 사람하고 싸운다"고 말할 정도로 피난민들에게 적대적이었다. 피해의식 때문이었을 것이다. 하지만 세월이 흐르면서 차츰 서로의 존재를 인정하게 되자 섬에는 다시 평화가 찾아왔다.

뭍에 다녀오기 위해 여객선에 오르는 덕적도 사람들

한겨울에도 덕적도의 텃밭에는 배추가 시퍼렇게 자란다. 마늘도 그 푸른 줄기에 윤기가 흐른다. 고목의 동백나무도 꽃을 피운다. 이들 모두 남해의 섬과 바닷가 마을에서나 겨울을 난다고 알려져 있는 식물들이다. 같은 위도상의 육지 땅이라면 자연적인 생육이 가능하지 않을 것이다. 수원과 위도가 비슷한 덕적도의 겨울에 이들 식물이 자라는 것은 쿠로시오 난류의 영향 때문이다. 물은 열을 저장하고 이동시키는 능력이 탁월하다. 수천, 수만 리 먼 섬들에서 서로 비슷한 풍토를 발견할 수 있는 것도 그 때문이다.

인천 연안부두에서 쾌속선으로 한 시간의 뱃길. 지금은 한철 꽃게잡이를 제외하고는 여름철 피서지로 더 각광 받는 섬이지만 과거 덕적도는 연평도와 함께 서해안의 대표적인 어업 전진기지였다. 여름 어장철이면 덕적도에도 파시가 섰었다. 덕적도의 관문 도우 선착장 입구에는 민어를 들고 서 있는 어부상이 있다. 덕적도가 민어의 고장이었음을 나타내는 증표다. 민어의 산란장이었던 덕적 바다. 조기가 연평 바다를 떠났듯이 지금은 민어 역시 덕적 바다를 떠난 지 오래다.

능구렁이
울면
비가
오고

덕적군도 최초의 어장 울도

덕적군도에서 근대적 의미의 어업이 시작된 것은 1900년, 소야도의 조덕기 씨 등이 울도 근해에서 새우 어장을 발견한 직후다. 1930년 12월 5일, 덕적면 어업조합이 설립됐고 덕적도의 어선들은 평북 의주 앞바다에서 영광이나 제주도까지 조업을 나갔다. 1939~1940년, 덕적도의 어선은 중선 140척, 소선 200척, 발동선 30여 척 등 모두 370여 척이나 됐다. 전쟁 중인 1951년에도 중선이 68척, 소선 100척, 발동선 10여 척 등 180여 척이었다. 2012년 현재는 덕적면 전체 어선이 53척이고 덕적도는 26척에 불과하다. 덕적군도의 어업이 번창하게 된 것도 중국의 칭다오, 다롄, 톈진, 상하이 등지로 울도 어장의 건하(마른새우)를 수출하게 되면서부터다. 중국 상인들은 덕적도에 상주하며 건하를 수매해 중국에 팔았다.

음력 3월 중순, 어선들이 몰려들면 울도에는 새우파시가 섰다. 파시는 1930년대 말에서 1940년대 말까지 크게 번성했다. 울도의 "작은 마을은 온통 술집 천지"였다. 야간 조업을 하는 새우잡이 어선들의 불빛이 장관이었다. 그래서 '울도 어화'는 덕적 팔경의 하나로 꼽혔다. 하지만 1949년 중국이 공산화되고 수출길이 막히자 울도 새우파시도 막을 내렸다. 그 후 울도, 문갑도 등 덕적 근해에서 잡힌 새우는 젓새우로 팔려나갔다. 중선 배들이 울도 어장으로 새우잡이를 오면 덕적면 어업조합에서는 싣고 온 소금가마 숫자에 따라 어업세를 매겼다. 젓새우는 배에서 바로 소금에 절였기 때문에 소금의 양이 어획량의 척도였다. 새우는

석양녘 덕적 바다가 신화 속인 듯 신비롭다.

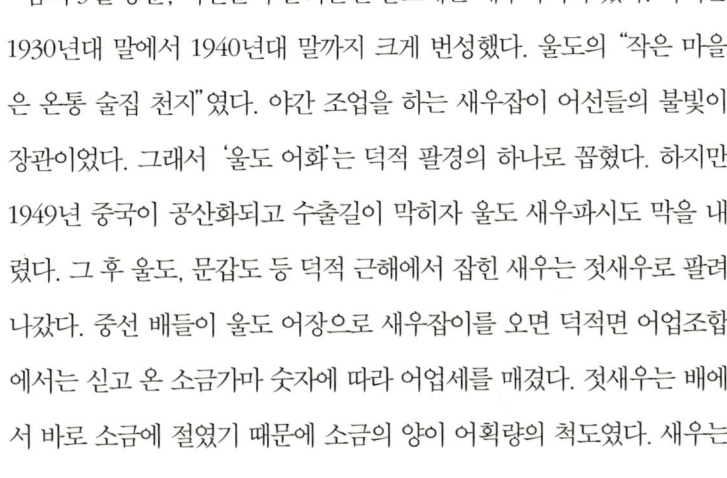

경매를 하지 않고 상회를 통해서 거래됐다. 젓새우는 대부분 부평의 새우젓 토굴로 보내졌고 토굴 속에서 숙성된 뒤 김장용으로 팔려 나갔다.

향토사학자 김광현은 『덕적도사』에서 과거 덕적군도의 주요 어장으로 덕적도, 선협도(선갑도), 수심도, 굴업도 등을 꼽고 있다. 주요 어족은 석수어(조기), 민어, 수조기, 도미, 가자미, 홍어, 새우, 갈치(刀魚), 농어 등이었다. 조기는 수심도 이북에서 많이 났고 수조기는 영흥도 근해서 주로 잡혔다. 민어는 굴업도 어장이 단연 최고였다. 덕적군도 어민들의 어로활동은 3월 울도 어장의 새우잡이부터 시작돼 11월까지 조기, 민어, 육젓 새우, 추젓 새우 잡이로 이어졌다. 12월부터 보름 정도는 대청·소청도 부근에서 홍어를 잡았다. 그 후부터 이듬해 2월까지는 휴어기였다. 이때 선박을 수리하고 어구 등을 정비했다.

본래 덕적군도의 어업 근거지는 굴업도였다. 민어철 굴업도에는 전라, 충청, 황해 등지에서 몰려온 수백 척의 어선들로 파시가 형성됐다. 하지만 1923년 굴업도에 해일이 덮쳐 많은 어부들이 사망한 뒤 굴업도 파시는 사양길에 접어들었고 덕적도 북리가 새로운 어업 근거지로 떠올랐다.

애기씨서낭 모시고 국수봉 산신령께 제사 지내고

덕적도의 어로 풍습도 연평도와 크게 다르지 않았다. 덕적도 어선들도 만선일 때는 선체를 광목으로 둘러싸고 봉죽을 세워 기세를 올리며 포구로 돌아왔다. 봉죽은 어획고를 표시하는 종이

꽃이었다. 본래 긴 대나무에 한지를 붙여 꽃 모양으로 만들었지만 덕적도에서는 값비싼 한지 대신 볏짚을 둥글게 엮어서 장대 끝에 매달았다. 선주는 봉죽의 개수를 헤아려 자기 배의 수익을 알아챘다. 통신이 없던 시절의 통신 수단. 그래서 어부들은 뱃고사 때나 조업 중에 〈봉죽타령〉을 부르며 풍어를 기원했다. 배가 들어오면 선주 집에서는 마질주(맞이술)를 준비해서 선주 부인이 직접 마중을 나가 선원들을 대접했다.

전쟁 이후 이북 피난민들이 유입되면서 덕적도에도 〈배치기 노래〉가 퍼졌고 풍어굿도 유행했다. 덕적도 선주민들은 굿을 잘 안 했다. 피난민 출신 선주가 운영하는 북리 배들이 굿을 많이 했다. 정초가 되면 북리 선주들은 돼지 잡고 떡을 쪄서 굿을 했다. 굿은 사흘에서 닷새까지 이어졌다. 굿을 하는 순간에는 모든 것이 이루어질 것처럼 환희로웠다. 마음이 편안해지고 몸은 하늘로 올라가는 것 같은 기분이 들었다. 덕적도에도 무당이 있었지만 대체로 인천에서 모셔온 황해도 출신 큰무당이 굿을 했다. 섬사람들은 정초부터 보름까지는 대부분 흥청거리며 놀았다.

섣달 그믐날이면 주민들은 덕적도의 주산인 국수봉 산신령을 모시는 당집에서 마을 제사인 고사(당제)를 지냈다. 제주로 정해진 집을 '도갓집'이라 했다. 제주가 되면 부부간에 잠자리도 금했다. 고삿날에는 시루떡 등의 제수를 정성껏 바쳤다. 특별히 정성을 드릴 때는 작은 솥을 들고 당집 앞에 가 직접 밥을 해서 바쳤다. 섣달 그믐날이면 또 선장과 화장도 바닷물에 목욕재계를 하고 배서낭께 바치는 뱃고사를 준비했다. 제물로는 시루떡과 생선, 삼색 과일, 나물 등이 올려졌다. 생선은 첫 출어 시에 잡은 것을 말려두었다가 쪄서 올렸다. 비늘이 없거나 숭어처럼

인천시 답동에서 공연 중인 서해안 풍어굿의 한 장면

뱀 머리를 닮은 생선은 쓰지 않았다. 배서낭은 여서낭, 남서낭, 조상서낭, 애기씨서낭, 용서낭, 호랑이서낭, 뱀서낭, 쥐서낭 등 다양했다. 하지만 대부분의 덕적도 선주들은 애기씨서낭을 배의 수호신으로 모셨다. 일반적으로 배서낭은 선주의 꿈에 나타난 형상에 따라 정해지거나 무당에 의해 결정됐다. 애기씨서낭은 쥐나 귀뚜라미 울음 같은 소리를 내서 위험을 알려 준다고 믿었다. 애기씨서낭에게는 색동옷이나 사탕, 과자, 인형 등 어린아이들이 좋아하는 물건을 바쳤다. 처음 잡은 물고기를 잡아 판 돈은 애기씨 앞에 바치고 재복과 건강을 기원했다.

덕적도 배들은 한 배에 애기씨서낭을 여럿 모시기도 했다. 이물에는 이물서낭, 고물에는 고물서낭, 어떤 배는 많게는 일곱 분의 서낭까지 모셨다. 그런 배의 선주는 뱃고사를 드릴 때면 일곱 서낭 모두에게 시루떡을 따로 쪄서 바쳤다. 시루가 하나면 신들끼리도 다툰다고 믿었기 때문에 신들을 배려한 것이다. 섣달그믐 뱃고사 날이면 선주는 애기씨서낭을 '소당'했다. 소당은 불태운다는 뜻이다. 새해에는 다시 한지로 애기씨서낭을 접어서 선실에 모셨다. 그 정성이 대단했다. 다른 종교들이 십자가나 성상, 불상을 조각하고 그려서 모시는 것과 다를 바 없었다. 조업이 잘 안될 때나 봄, 가을 두 번 출항일에 뱃고사를 지내기도 했다.

덕적도에도 어업과 관련된 금기가 많았다. 어느 지방이나 그랬듯이 여자들은 어선에 타지 못했다. 심지어 출어하는 날 아침에 여자를 만나면 '재수 없다' 하여 출어를 포기하기도 했다. 또 배에는 소, 돼지, 개를 제외한 다른 동물은 일절 싣지 못했다. 애기를 낳은 집의 선원은 '부정 간다' 했다. 그래서 3일 동안은 배를 탈 수 없었다. 아이를 낳고 3일 전

지금은 소멸 직전에 있지만 어부들에게 토속신앙은 절대적이었다.

에 어선이 출어할 경우에는 복숭아나무 가지를 잘라서 들고 배를 탔다. 그러면 부정이 방지된다고 믿었다. 어민들에게 금기는 기독교의 십계명이나 불교의 계율과 다르지 않았다. 어로 활동에는 날씨가 결정적인 역할을 했다. 그래서 어부들은 자연의 징후를 보고 다음 날 날씨를 짐작하는 지혜를 얻었다. 봄에 서남풍이 불면 반드시 비가 온다 했다. 안개 낀 날 멀리서 기계 소리가 나지만 배 모양이 보이지 않으면 반드시 비가 온다고 했다. 또 먼 산이 가깝게 보이면 비가 온다고 했다. 낙조 때 서쪽 바다가 붉게 물들면 비가 오고, 능구렁이 울어도 비가 오고, 쌍무지개 떠도 비가 온다고 했다. 머리가 가려워도 비가 온다 했다.

쟁기로 바다 밭을 갈던 어민들

봉선에서 나가세기 배로

일제강점기 초기 덕적도에서도 전래의 어선인 봉선(蓬船)이 사라지고 일본식 어선인 나가세기 배가 등장했다. 일본 나가사키(長崎) 어민들이 만들어 사용하던 안강망 어선을 덕적도에서는 일중선(日中船), 혹은 나가세기 배, 안강망 배라 했다. 연평도의 안강망 어선과 같은 배였다. 덕적도에서 처음으로 나가세기 배를 도입한 사람은 북리의 문태순이었다. 덕적도 사람들도 초기에는 나가사키에 직접 가서 배를 지어 오기도 했지만 차츰 일본인 도목수 밑에 들어가 목수 일을 배워온 조선 목수들에 의해 나가세기 배가 보급됐다. 1930년대에는 대부분의 덕적도 어선들이 나가세기 배로 바뀌었다. 풍선(風船)이었던 덕적도의 나가세기 배들은 6·25 이후 차츰 기계화되기 시작했다. 김춘광, 송재순, 장경엽, 최봉도 등이 덕적도의 기계화 1세대 선주들이었다.

나가세기 배의 선체에는 여러 칸의 선실이 있었다. 코칸은 배의 맨 앞머리에 있는 창고다. 장작이나 식수를 넣었다. 선미에는 뒷마칸이 있었다. 그물 등속의 어구를 넣는 창고다. 뒷마칸 앞쪽에는 방장이 있었다. 선원들이 숙소로 쓰는 방이었는데 서드리칸이라고도 했다. 어획한 조기들은 중간의 사이다칸에 적재했다. 사이다칸이란 이름은 처음 나가사키에서 들어온 일본 어선들이 이 칸에 사이다를 넣고 온 데서 비롯했다. 그 밖에 대야간과 남방간 등의 선실도 있었다. 연평도처럼 덕적도에서도 그물을 바다에 설치하는 것을 '쟁기준다' 했고 조업에 필요한 선구를 총칭해 '트쟁기'라 했다. 어업 또한 먹거리를 마련한다는 의미에서 농사일의 연장으로 본 것이다. 농민들이 논밭을 갈 때 어민들은 바다를 쟁기질하며 삶을 이어갔다.

오랜 세월 북리에서 배 목수와 선주를 지냈던 강명선 씨를 만났다. 옛부터 "집 목수는 배를 못 짓지만 배 목수는 집을 짓는다"는 말이 있다. 배 목수의 기술이 그만큼 고급이라는 뜻이다. 강 씨는 20대 후반부터 선주가 되어 한때는 안강망 어선 4척으로 조기와 민어, 갈치 등을 잡았지만 "하나씩 팔아먹다가 망했다"고 한다. 그는 한창때 선원 40여 명을 부린 큰 선주였다. 강 씨는 황해도 옹진군 봉구면 평양리 육도에 살았다. 1·4 후퇴 때 부모님을 따라 충청도 원산도까지 피난 갔다가 덕적도로 와서 정착한 피난민이다. 그때는 "집안사람들끼리 작은 배를 가지고 이 섬 저 섬으로 피난"을 다녔다. 피난민들이 덕적도나 연평도, 대청도 등에 많이 정착한 것은 곧 통일이 될 거라는 기대감 때문이었다. 통일이 되면 서둘러 고향에 돌아가기 위해 고향과 가까운 섬에 살았던 것이다.

덕적도 북리에 정착한 강씨는 19세 때부터 배 목수 일을 시작했다. 6·25 직후 북리에는 2곳의 조선소가 있었다. 그중 한 곳을 강 씨의 고모부가 운영했다. 고모부는 일제 때 조선소와 기계공장이었던 해주 신선중공업의 소장을 지낸 최귀현 씨였다. 이북에 가족을 두고 온 최귀현 씨는 피난지인 북리에서 강 씨의 고모와 재혼했다. 최 씨는 일본인 배 목수들보다도 배 짓는 기술이 월등히 뛰어났다. 강 씨는 그런 고모부의 수제자가 되어 배 짓는 일을 배웠다. 조선소에서는 나가세기 배

옛 덕적도 어업조합 건물

를 지었다. 목재는 일본에서 삼나무를 수입해 썼다. 강 씨는 "삼나무가 배의 재료로는 최고의 목재였다"고 회고한다. 쉽게 썩지 않고 질기고 견고하면서도 잘 부러지지 않았다. 무엇보다 가벼워서 부력이 뛰어났다. 이북에서는 흰색의 백자나무로 배를 지었지만 빨리 썩는 것이 문제였다. 목재는 부산으로 수입된 것을 덕적도까지 배로 운반해 왔다. 쌀 한 가마니가 20,000원 할 때 배 목수는 하루 일당 3,000원씩을 받았다. 나가세기 배 한 척을 짓는 데는 목수 8~9명이 보통 한 달 반에서 두 달쯤 일했다. 배의 밑을 만들고 뼈대를 세우는 순서로 배를 지어나갔다.

어선 진수식 날, 기생 불러 잔치까지

배가 완성되고 진수식을 하는 날이면 인천에서 기생까지 불러다 잔치를 열었다. 선주가 배 목수들을 위해 크게 한턱 내는 것이 관례였다. 진수식 날은 온갖 화려한 깃발로 배를 치장했다. 고깃기(선주기), 서낭기, 장군기, 오색기, 상(上)기 등을 매달았다. 강 씨는 배 목수 일로 돈을 벌어 선주가 됐다. 그는 선주가 된 후에도 배 짓는 일을 병행했다. 하지만 뱃일로 버는 돈은 다시 배에 들어갔다. 배의 숫자를 늘리고 톤수를 늘리고 어구를 장만하느라 번 돈을 다 투자했다. 그러다 어느 해부터 어획고가 급감했다. 위기에 처할 때마다 "배를 한 척씩 팔아먹었지만 끝내는 아주 망하고" 말았다. 그런 선주가 한둘이 아니었다.

선주는 선원뿐만 아니라 선원 가족들에게도 절대적인 존재였다. 선주는 배임자, 선주 부인은 뱃집 아줌마라 불렸다. 선주가 선원들을 부리는 것처럼 선주 부인은 선원 가족들을 부렸다. "아버지 말은 안 들어도 선주 말은 듣는다 했다." 북리에서는 이씨네(이재규, 이기섭) 소씨네(소창모), 박씨네(박순복) 등이 가장 큰 선주 집안이었다. 큰 선주들은 다들 인천에 사무실을 두고 있었다. 연평도 선주들은 하인천부두의 상회와 거래했지만 덕적도 북리 선주들은 화수동부두의 상회와 거래했다. 북리 선주들은 1950년대에 벌써 자가용을 두고 부릴 정도로 자산가였다. 북리에만 안강망 배가 100척이 넘었다.

덕적도의 선주와 선원들도 어획물을 짓 나누기로 분배했다. 일제강점기 때부터 6·25 전까지는 선원의 임금이 대체로 월급제였지만 전쟁 후에는 어획량에 따라 일정하게 배분하는 제도로 바뀌었다. 중선배는 3:7제였고 소선은 5:5제였다. 선원들은 경력에 따라 수익이 달랐다. 초짜들은 한짓재비라 해서 몫이 가장 적었고 1년 이상 경험자는 짓반재비, 선장은 두짓재비였으며 경험 많은 선원은 특별 대우했다. 선상 생활은 군대보다 규율이 더 엄격했다. 작은 실수가 큰 사고로 이어질 수 있고 한 사람의 실수로 많은 사람의 목숨이 위태로울 수 있기 때문이었다. 그래서 "뱃놈은 아이, 아저씨가 없다"는 속담까지 생겼다.

민어의 섬을 상징하는 덕적도의 민어 어부상

집도 접어서 배에 싣고 다니던 파시

예로부터 이름난 민어 어장은 신안의 타리도(태이도)와 재원도, 인천의 덕적도, 평안도 신도 바다였다. 『한국수산지』(韓國水産誌, 1908)에 과거 한국 바다의 민어에 관한 기록이 있다.

"민어는 서남해에 많고 동해에 이름에 따라 점차 감소하여 강원·함경도 연해에 이르러서는 거의 볼 수 없다."

민어의 어장은 "완도·진도·태이도(苔耳島)·칠산탄(七山灘)·격음열도·인천·진남포·연평열도·압록강이고, 가장 주요한 어장은 목포 근해 태이도, 금강 강구(江口), 군산 근해 및 압록강 강구"라 적고 있다.

신안에서는 타리(태이도) 파시나 재원도 파시가 흥성했다면 인천에서는 덕적면의 굴업도와 북리가 민어파시로 이름 높았다. 과거 한국의 바다에 사는 민어는 가을이면 제주도 근해로 이동해 월동하고, 봄이면 북쪽으로 돌아왔다. 여름철 덕적도 근해는 민어의 산란장이었다. 『동국여지승람』에 덕적도의 특산물로 거론될 정도로 민어는 덕적도 바다의 대표적 어종이었다. 일제강점기에는 일본 수산협회 소속의 상고선들이 한국 민어 어장의 민어들을 냉장해서 일본으로 실어 갔다.

타리도 바다는 1906년경부터 일본의 안강망 어선들이 조업했을 정도로 일본에도 잘 알려져 있는 민어 어장이었다. 덕적도 북리나 굴업도 파시에 대한 기록은 많지 않다. 하지만 타리 파시에 대해서는 일본인 학자들의 현장답사 기록이 남아 있다. 타리 파시 기록을 통해서 북리나 굴업도 민어파시의 모습을 유추해 볼 수 있을 것이다. 1939년 일본에서 발간된 『조선 다도해 여행 각서』는 타리 파시의 현장을 생생하게 기술한다.

파시는 선술집, 여관(遊女屋), 요릿집, 잡화가게, 이발소, 선구점, 소금가게, 목욕탕 등으로 이루어져 있으며, 모두 타지 어부들을 상대로 장사하고 있는 것 같다. 이 이동부락은 영광군 우도(위도)를 근거지로 하고 있다. 우도 근해에서는 4월부터 5월 하순에 걸쳐 조기가 잡힌다. 파시 때에 이곳에서 장사한 사람 중의 한패는 어장을 쫓아서 6월에 연평도로 간다. 나머지 장사꾼들은 우도 뒤쪽에서 7월 내내 머문다. 이 기간 동안 우도 뒤쪽 부근에서 갈치와 삼치가 잡힌다. 우도 뒤쪽에 머물던 사람들은 이 생선들을 가지고 타리섬으로 이동한다. 연평도에 갔던 패 중에서도 어획기를 끝내면 곧바로 타리섬으로 오는 사람도 있다. 또 천년동이라는 곳에서 잠시 돈벌이를 하고 나서 타리섬으로 합류하는 사람도 있다. 타리섬에는 7~8월 내내 체류하며, 다시 이곳에 모였던 사람들은 나뉘어서 한 패는 종자도로, 다른 패는 어란진으로 간다. 그리고 군산, 목포, 우도 뒤쪽 등 근거지로 철수하는 사람도 있다. 겨울에는 흑산도에서 고래잡이를 하기 위하여 그쪽으로 가는 사람도 있다.

파시를 따라 이동하는 사람은 집을 접어서 배에 싣고 간다. 가재도구는 물론 집도 접어서 가져가기 때문에 운임을 받고 실어 보내는 사람도 있고, 배를 특별히 마련하여 가족 모두와 함께 이동하는 사람도 있다. 파시로 생계를 유지하는 사람들의 출생지는 일정하지 않다. 목포 부근 출신, 영광군 출신, 그중에는 내지인(일본인)도 이 무리에 참여하고 있다.

─『조선 다도해 여행 각서 – 일본 민속학자가 본 1930년대 서해도서 민속』(민속원) 중에서

상인들은 조업하는 어선들을 따라 이동하며 흑산도, 법성포, 위도, 연평도 등에 조기파시를 열었다. 조기파시가 끝나면 이들 중 일부는 타리 민어파시를 찾아갔고 또 일부는 굴업도나 덕적도 북리로 흘러들어 민어파시를 형성했다.

민어떼가 몰려들면 바다가 온통 뻘겠다

복달임에 민어탕은 일품, 보신탕은 하품

민어(民魚)는 농어목 민어과 민어속의 난류성 어류다. 민어는 개펄 바다에서 산다. 낮에는 깊은 바닷속에 있다가 밤이면 수면으로 이동하는 습성이 있다. 새우류를 특히 좋아한다. 새우 어장으로도 유명했던 덕적 바다에 민어가 많았던 것도 그 때문일 것이다. 지금이야 워낙 귀한 고급 어종이 됐지만 민어는 이름처럼 옛날에는 백성들이 즐겨 먹던 물고기다. 민어 중에서도 여름에 잡히는 것이 가장 기름지고 맛있다. 민어는 지역이나 그 크기에 따라 이름도 제각각이었다. 전남 지방에서는 가장 큰 민어를 개우치라 했고 법성포에서는 30cm 내외를 홍치, 완도에서는 작은 것을 불퉁거리라 불렀다. 서울이나 인천에서는 두 뼘 미만의 것을 보굴치, 세 뼘 내외는 어스레기, 네 뼘 이상만을 민어라 했다. 정약전의 『자산어보』에서는 민어를 면어(鮸

魚)라 하고 그 속명을 민어(民魚)라 한다 했다. 『자산어보』에 민어의 특징이 상세하게 그려져 있다.

> 큰 놈은 길이가 4~5척에 달한다. 몸은 약간 둥글고 빛깔은 황백색이며 등은 청흑색이다. 비늘과 입이 크고 맛은 담담하면서도 달아서 날것으로 먹으나 익혀 먹으나 다 좋고 말린 것은 더욱 몸에 좋다. 부레는 아교를 만든다.
> ―『자산어보』 중에서

민어는 제사상이나 잔칫상에 가장 많이 오르던 물고기였다. 회나 탕, 구이뿐만 아니라 포, 알포, 알젓으로도 명성이 높았다. 『자산어보』의 기록처럼 지방이 적고 단백질 함량이 많아서 맛이 담백하다. 서울, 경기 지방에서는 복날 민어탕으로 복달임을 했던 전통이 있었다. 복달임에 민어탕은 일품, 도미찜은 이품, 보신탕은 하품으로 쳤다. 민어는 쓸개를 빼고는 버릴 것이 하나도 없다. 민어는 머릿살과 껍질의 맛이 특히 뛰어난데 껍질은 데치거나 날로 먹기도 한다. 민어 껍질의 뛰어난 맛은 "민어 껍질에 밥 싸먹다 논밭 다 팔았다"는 속담을 만들기도 했다.

옛날 민어 부레는 부레풀을 만드는 재료로 썼다. 지금 남아 있는 고가구들은 대부분 민어풀을 접착제로 해서 만들어졌다. 부레는 속에 소를 채워 순대로 만들어 먹기도 했다. 또 부레는 생으로 먹거나 약재로도 이용됐다. 참조기와는 달리 산란철 민어는 알이 찬 암컷보다 수컷을 더 귀하게 친다. 알이 꽉 찬 암컷은 알이 워낙 커서 살이 적고 살 속

신안 송도 위판장에 나온 민어

의 기름기가 빠져 맛이 없다. 하지만 알이 밸락말락할 무렵에는 암컷의 맛이 최고다. 수컷보다 차진 맛이 더 깊고 달다. 민어는 대부분 잡히는 대로 피를 빼서 얼음에 저장한 뒤 선어로 먹는다. 민어는 얼리면 민어 특유의 맛이 사라지기 때문에 생물로 먹는 것이 좋다. 민어는 활어보다 선어가 맛이 뛰어나다. 대체로 어류의 맛은 아미노산의 양에 따라 결정된다. 어류는 사후 일정한 시간이 지나 강직도가 떨어졌을 때 아미노산의 양이 가장 많다. 이때가 가장 맛이 좋다. 활어는 바로 잡으면 사후 강직 탓에 맛이 덜하다.

민어는 조기처럼 군단으로 몰려다녔다. 민어떼가 몰려들면 "뻘건 민어의 등이 물에 비쳐서 바다가 온통 뻘겠다"고 한다. 민어는 개구리처럼 우는데 "톱을 갖춰서(떼로 함께) 왁왁 울어대니 귀가 아프고 민어 소리 때문에 시끄러워서 낮에는 잠을 잘 수 없을 정도"였다. 민어의 울음은 산란철에 암수가 서로를 부르는 소리다. 어부들에게 민어는 성질이 순한 물고기로 알려져 있다. 다른 물고기들은 그물을 걷어 올리면 도망치려고 발버둥을 치고 튀어 오르는데 민어는 체념한 듯 가만히 있다. 그래서 어부들은 그런 "민어가 순하다"고 표현한다. 하지만 그것은 민어의 성질이 순해서가 아니다. 부레는 공기의 양을 조절해 부력을 유지하는 기관이다. 다른 어류에 비해 부레가 큰 민어는 그물에 걸리면 부레에 바람이 가득 차 다시 바다 밑으로 내려가지 못한다. 민어가 그물에 많이 걸리면 그물째 떠오르는 것도 그 때문이다. 부레에 바람이 차서 못 움직이는 것을 민어가 성질이 온순하다고 한 것이다. 바늘로 가스를 빼주면 민어는 다시 살아나 활기차게 바다로 도망쳐 버린다.

덕적도 어업의 중심, 북리

덕적도에는 배가 드나드는 포구가 여러 곳이다. 도우, 서포리, 진리, 북리 등. 이들 포구 중에서도 황해가 황금어장이었을 때 덕적도 어업의 중심은 단연 북리였다. 덕적도의 북단에 자리한 마을이라 북리다. 북리는 작은쑥개, 큰쑥개, 소재, 능동 등 네 개의 자연부락으로 이루어졌다. 북리포구는 작은쑥개에 있다. 쑥개란 이름은 사철 쑥이 많다 해서 붙여진 이름이다. 덕적도의 약쑥은 조선 시대 진상품이었다. 북리 마을의 서북쪽에 덕적도 주산인 국수봉이 있다. 국수봉 아래 작은쑥개와 큰쑥개 사이 바다는 U자형의 만을 이루고 있어 배들이 피항하기 좋다. 수심이 깊지 않고 조수 간만의 차가 크다는 단점이 있지만 만조 시에는 수백 척의 어선이 정박할 수 있다.

작은쑥개, 폐가가 된 옛 선주 집 마당으로 들어선다. 문짝은 떨어져 나가고 쓰다 버린 가구들이 나뒹구는 빈집은 쓸쓸하다. ㄷ자 한옥은 선주 가족이 살던 본채였을 것이다. 옛날 북리 선주들은 망루 같은 소형 2층집을 하나씩 가지고 있었다. 2층 선주 집은 덕적도 북리에만 있는 부의 상징이었다. 이 집에도 문간채 옆에 2층 건물이 한 채 딸려 있다. 2층집 아래층은 어구를 보관하는 창고다. 좁은 계단을 통해 2층으로 올라간다. 혹시 무너지지 않을까 조심스럽게 발을 디뎌 보지만 계단은 아직 성성하다. 2층은 전체가 하나의 넓은 방이다. 바닥은 널마루를 깔았다. 난방 시설이 없는 방은 여름용이다. 사방에 유리창을 달아 어느 방향이나 전망이 툭 트였다. 선주는 이곳에 거처하며 북리항

파시가 열리던 시절의 북리항. 비탈까지 주택들이 빼곡하고 포구는 어선들로 가득하다.(위)
한적한 어촌이 된 현재의 북리. 영화의 상징이던 2층 선주 집 한 채가 낡아 가고 있다.(아래)

으로 들어오는 자신의 배를 기다리다 멀리서 만선의 북소리가 울리면 마질주를 준비하고 잔치를 서둘렀을 것이다.

먼지에 찌든 마루 한켠에는 그물이 쌓여 있다. 면사(綿絲) 그물. 연평도에서도 보지 못한 면사 그물이 덕적도에 남아 있다. 2층집의 지붕과 유리창이 상하지 않아 그물은 원형대로 보존이 잘 되어 있다. 손으로 한 땀 한 땀 짜서 만든 그물, 저 그물은 그 자체로 문화재다. 경기만 연안의 섬들 어디에도 없고 오직 덕적도 북리에만 있는 이런 형태의 2층 선주 집도 어업문화재로서의 가치가 크다. 이 집의 주인은 북리 선주 소창모 씨였다. 한창때는 4~5척의 어선을 소유한 큰 선주였다. 그는 어업 활동으로 번 자본을 투자해 인천에 극장까지 운영했었다.

북리 마을 구석구석에는 과거 영화롭던 시절의 흔적이 남았다. 작은 섬마을에 다닥다닥 붙여 지은 집과 골목길이 있는 것은 번영했던 과거의 증거다. 건물은 허물어지고 터만 남았지만 산중턱까지도 온통 집터들이다. 작은 포구에 하나의 해상 도시가 세워졌다가 사라져 버렸다. 폐허는 상처가 아니라 영화롭던 시대의 기록이다. 파시 때 외지에서 온 선원들을 먹이고 재우던 여관들도 모두 문을 닫았고 주점들은 폐업한 지 오래다. 유정여관은 나무 간판이라도 남았으나 다방과 색주가는 흔적도 없다. 공중화장실은 아직도 사용 중이지만 공중목욕탕의 물은 식은 지 오래다.

1936년 8월, 민어의 어기로 덕적도 대혼잡

"인천 근해의 어장 중 '넘버원' 덕적도"

덕적군도는 일제강점기 초부터 굴업도 민어 어장과 울도 새우 어장의 발견으로 호황을 누리기 시작했다. 처음에는 굴업도가 덕적군도의 어업 전진기지였다. 하지만 1923년 대해일로 굴업도에 피항 중이던 100여 척의 어선이 파선되고 많은 인명 피해가 나자 일제는 어업 전진기지를 덕적도 북리로 옮기게 했다. 1925년경부터 북리 항은 전국 각지에서 몰려든 중선(中船) 배들로 북적거렸다. 연평도 조기잡이가 끝나는 6월 말부터 8월 초순까지 북리 어장과 굴업도, 각흘도 어장 등에서 민어잡이가 이어졌고 북리에는 민어파시가 열렸다. 북리 해변에는 수십 곳의 색주가와 선구점, 잡화점 등이 들어섰고 색주가에는 작부들만 200명이 넘었다. 수천 명의 선원과 상인들로 북리 일대는 연일 북적거렸다.

1935년 8월 11일 자『조선중앙일보』는 '성어기에 덕적도로 데뷔하는 수호진'이라는 제목의 기사를 통해 "경찰과 우편, 무전, 의료진 등이 8월 10일 일제히 덕적도로 들어갔다"는 소식을 전했다. 이들이 덕적도에 '진입'한 것은 "인천 근해의 어장 중 '넘버원'인 덕적도 수천 종업원의 편리를 도모"하기 위해서다. 북리 민어파시에 몰려든 사람들의 질서유지를 위해 경찰이 들어가고 임시 우체국이 서고 의료진이 파견되었던 것이다. 1936년 8월 8일『조선중앙일보』도 '민어의 어기로 덕적도 대혼잡'이라는 제목의 기사를 내보내 북리 민어파시 소식을 전하고 있다. "각처로부터 덕적도를 바라고 몰려드는 어상, 선원, 색주가 등이 수천 명에 달하므로 인천서에서는 임시 주재소를 설치했다." 북리 민어파시는 1930년대 말까지 계속됐다.

　해방 후에도 한동안 덕적도의 어업은 번창했으나 6·25와 함께 일시 쇠퇴했다. 하지만 휴전 후 배를 가지고 나온 피난민들이 덕적도에 눌러살면서 다시 덕적도 어업의 성장을 주도했다. 파시 때만은 못했으나 휴전과 함께 연평, 덕적 어장의 조업이 재개되자 북리항에도 수백 척의 외지 어선들이 찾아들었다. 1968년 연평도에 어로제한선이 설치되고 연평도에 있던 서해 어로지도 본부가 덕적도 북리로 이전해 왔다. 조업 허가와 안전 조업에 대한 지도를 받아야 했던 어선들은 북리로 몰렸다. 이때 잠깐 북리는 파시 같은 성황을 누렸다. 선창가에는 옹진수협에서 깡을 열고 임시 위판을 했다. 인천에서 온 상회 주인들이 물건을 사 갔다. 선구점도 덩달아 바빠졌다. 막걸리 집도 문을 열고 드럼통에 소주를 넣어두고 파는 집도 생겼다. 하지만 일제강점기에 열렸던

내륙으로 쑥 들어간 북리 포구는 피항하기 딱 좋은 어항이었다.

파시가 부활한 것은 아니었다. 외지에서 들어온 상인들은 거의 없었고 대부분 북리 사람들이 장사를 했다.

수백 톤급 일본 무역선이 민어를 실어가

1960년대 북리에는 노천극장까지 있었다. 민어 철이면 영화를 상영하는 날이 많아졌다. 어선들이 들어오는 조금 물때에는 매일 영화가 상영되기도 했다. 극장은 지붕이 없었지만 벽돌로 울타리를 쌓아 무단 입장을 막았다. 영사기를 돌리는 곳과 매표소는 지붕까지 갖춘 번듯한 건물이었다. 북리에는 조선소와 철공소도 2곳씩

북리항 물양장. 꽃게 철이면 외지 어선들이 들어와 그물 손질을 하고 간다.

있었다. 철공소에서는 배의 부품을 직접 깎았고 디젤 엔진과 발동기 등을 수리했다. 작은쑥개 초입의 철공소 건물 하나는 지금도 남아서 어구 보관 창고로 쓰이고 있다. 폐교가 된 명신국민학교 아랫녘이 뱃터(조선소)였다. 당시 북리에는 다방과 여관, 미용실, 이발소, 약방, 두붓집 등 많은 상점들이 있었다. 지금의 해경파출소 자리에는 어업지도소가 있었고 뒷산에는 무선국도 있었다.

민어 철에는 북리 주민들뿐만 아니라 외지 선원들까지 몰려드니 무엇보다 부족한 것은 화장실이었다. 그래서 다들 해가 지기를 기다렸다가 바닷가로 나가 볼일을 봤다. 눈만 감으면 거기가 화장실이었다. 사람들이 모여서 똥을 누던 바위를 똥바위라 했다. 그래서 다른 마을 사람들은 그런 북리를 쑥개가 아니라 똥개라고 놀리기도 했다. 지금 해안은 매립되었고 똥바위는 일부만 남아 있다. 북리에서는 민어나 조기를 능동 자갈밭이나 땔감 나무 위에 널어서 말렸다. 당시만 해도 북리에는 산비탈이나 언덕 할 것 없이 집들이 빼곡했다. 여름 민어 철에 사용할 얼음 창고도 있었다. 겨울에 논에서 얼음을 잘라다 땅을 파고 움막을 지어 보관했다. 땅속에 얼음을 쌓은 뒤 왕겨를 덮어놓으면 녹지 않고 여름까지 갔다. 어한기인 겨울 동안 동네 사람들은 얼음 자르기로 일당벌이를 했다.

일제강점기 때부터 민어는 일본의 상선이 얼음에 재워 일본으로 싣고 갔는데 1960~1970년대 덕적도의 민어도 대부분 일본으로 수출됐다. 일본 무역선은 선미도 앞에 떠 있다가 민어를 수집해 사갔다. 민어는 계량 단위가 '층'이었다. 가마니에 넣어서 무게를 달았는데 100근

(60kg)이 한 층이었다. 당시 잡힌 민어는 보통 두 마리면 한 층이 넘었으니 민어 한 마리가 어린애만큼이나 컸다는 이야기다. 많이 잡힐 때는 중선(中船) 배 한 척이 한 번 출어에 70~80층, 무려 4~5톤을 잡았다. 민어들 중 일부는 상고선들이 사갔다. 인천 평남상회의 상고선이 특히 북리의 민어를 많이 사갔다. 바람이 불어 배가 못 뜨면 어민들은 민어를 염장해서 말린 뒤 팔았다. 낚시로 잡던 굴업도와 달리 덕적도에서는 민어를 유자망과 비슷한 민어 투망으로 잡았다. 투망 배가 걸그물을 던져 놓으면 조류에 밀려온 민어들이 그물코에 꽂혔다.

민어의 씨가 마르자 북리도 몰락의 길로

덕적군도의 대표적인 민어 어장은 굴업도의 굴업골, 백아도의 뺄골, 선미도의 사사골(새새골) 등이었다. 가장 큰 민어는 사사골에서 잡혔다. 사사골 어장 민어는 마릿수는 적은데 크기가 커서 '발치기'라 했다. 굴업골은 중간 크기가 잡혔고 뺄골은 씨알이 가장 작아서 '통방맹이'라 했다. 잡히는 숫자는 뺄골이 많았다. 장봉도 쪽에서는 사람만큼이나 큰 민어가 잡혔다. 큰 민어일수록 얕은 물로 다녔다. 그래서 장봉도와 교동도 사이 어장인 큰골 민어잡이를 최고로 쳤다. 큰골은 얕은 바다지만 물살이 엄청 거셌다. 그러나 대량으로 잡아들인 민어는 결국 일본 무역선만 배를 불렸다. 수백 톤급 일본 무역선이 민어를 무더기로 실어갔지만 많이 잡힐수록 가격은 떨어졌다. 민어잡이도 오래가지 못했다. 덕적도 민어도 지나친 남획으로 연평도 조기가 멸족한 길을 뒤따랐다. 그 크고 많던 민어들이 어느 순간 거짓말처럼 사라져 버렸다.

"삼천포, 통영, 여수 등지에서 온 유자망(투망) 배들이 그물로 씨를 말려 버렸어. 산란기고 뭐고 없이. 그렇게 몇 년 긁으니까 씨가 마르더라고."

대형 선단들이 싹쓸이 조업을 한 결과였다. 조기와 민어가 자취를 감추자 전국에서 몰려들던 어선들의 발길도 끊겼다. 1970년대 들어서는 덕적도 어선들도 동지나해로 진출했다. 근해 어장이 고갈되자 먼 바다로 어족을 찾아 나선 것이다. 뱃길이 멀어지면서 어선의 규모가 커졌다. 한 번 출어하면 1,000상자씩 잡아왔다. 어선이 커지고 속력이 빨라지자 중간 기항지로서 북리항의 기능이 사라져 갔다. 동지나해 조업에서 돌아온 덕적도 배들도 화수동 어판장으로 직항했다. 덕적도 어장이 고갈되자 1970년대 말부터 1980년대 초반 사이 북리 선주들 대부분이 인천으로 이주해 갔다. 선원 가족들도 선주와 함께 떠나갔다. 북리는 일시에 쇠락의 길로 접어들었다.

덕적도 선주들은 돈을 포대로 담아 놓고 썼다

1929년 민어파시 때, 60여 척의 어선 조난

어느 섬들이나 그렇듯이 과거 덕적도에서도 크고 작은 조난 사고가 끊이지 않았다. 1929년 8월 민어파시가 한창일 때 덕적도 해협에서 어선 60여 척이 조난을 당하는 큰 사고가 발생했다. 당시 『동아일보』는 "덕적도 부근에서 조난한 어선 대개는 풍랑으로 창해에 흘러간 듯하다"고 보도했다. 조난자 대부분이 사망하는 참극이 일어난 것이다. 북리 능동 앞바다에는 등대섬 선미도가 있다. 선미도 근해는 풍랑이 심해 어선의 침몰 사고가 많았다. 능동 자갈마당 부근에는 조난자 위령비가 서 있다. 1931년 8월 18일부터 25일 사이에 불어닥친 태풍으로 조업 중 목숨을 잃은 덕적도 어민들을 기리기 위해 1933년 덕적도 주민들이 쑥개에 세운 비석을 옮겨온 것이다. 그때 선미도 부근에서 조업하던 어민 50여 명이 바다에 수장됐다. 태풍으로 조난 사고가 난 뒤 3년 후인 1934년 10월 1일 첫 점등 이래 선미도 등대는 오랜 세월 덕적도 바닷길을 밝혀 왔다. 등대섬 선미도의 본 이름은 악험도(堊險島)였다 한다. 섬 근처의 바다가 워낙 험해서 붙여진 이름이었을 것이다. 이름 때문에 사고가 잦다고 생각한 주민들이 선미도로 바꿨다고 전해진다. 1934년에도 덕적도 앞바다에서 7척의 배가 조난됐고 1948년 7월에도 조난 사고로 어민 21명이 익사했다. 1959년 사라호 태풍 때는 덕적도 배들도 피해를 입었다. 북리를 출항해 연평도 인근 바다에서 조업하던 조기잡이 어선들이 파도에 떠밀려 이북으로 넘어갔다. 그중 3~4척이 침몰했다. 나머지 배들은 조사받고 몇 개월이 지나서야 돌아왔다.

저 잔잔한 모성의 바다가 풍랑이 일면 악마처럼 돌변한다.

능동이 고향인 오세섭 씨도 40여 년간 안강망, 유자망 어선을 탔다. 중선 배 복성호(8톤)를 타고 연평 근해로 조기잡이를 다녔다. 1959년 9월, 조기와 민어잡이 철이 끝나고 새우잡이 배를 타고 조업 나갔던 오 씨도 사라호 태풍 때 죽을 고비를 넘겼다. 그가 탄 배는 연평 앞바다 북한 해역 용매도 근해에서 조업 중이었다. 그때는 태풍이 오는 줄 눈치도 못 챘다. 워낙에 빠른 속도로 올라온 바람에 많은 어선들이 엎어지고 파선됐다. 연평도 못 미쳐 '사루'라는 무인도 근처 풀등에서도 난파가 잦았고 많은 선원들이 죽었다.

"바다 일은 투기사업"

송은호 씨는 피난민이 아니라 덕적도 선주민이다. 1980년대까지 어업에 종사하다가 빚만 지고 접었다. 처음 선주가 됐을 때 송 씨는 조기잡이 안강망 어선 선미호(18톤)를 부렸다. 일반적으로 황해 바다에서 조기, 민어 등의 어족이 멸종된 것은 선주들의 지나친 욕심 때문으로 알려져 있다. 어업 기술의 기계화를 바탕으로 한 지나친 남획과 불법 저인망 어선들의 싹쓸이 어업이 어족의 고갈을 가져왔다는 것이다. 그것은 많은 부분 사실이다. 하지만 송은호 씨는 어업의 위기가 단지 선주나 어민들의 지나친 욕심 때문만은 아니라고 진단한다. 선주와 어민들에게 모든 책임을 떠넘기는 것은 국가가 자신의 정책 실패를 감추기 위한 책략이라는 것이다.

5·16으로 집권한 군사정권은 고도성장 정책을 수산업에도 그대로

적용했다. 과거 안강망 배들은 한 척당 한 틀의 그물만을 허가했다. 하지만 5·16 이후 수산청에서 4틀까지 허용을 확대했다. 어선의 대형화와 기계화, 나일론 그물의 등장, 그물 틀수 증가로 단기간에 어획고가 올라가고 수산업은 발전했다. 하지만 그 기간은 짧았다. 한정된 어족자원을 단기간에 싹쓸이했으니 어장은 황폐화되고 어족은 씨가 말랐다. 황해 바다에서 조기가 사라지고 민어가 사라지고 홍어와 갈치가 사라져 버렸다. 그래서 어선들은 동지나해까지 쫓아가며 잡기 시작했지만 그 또한 오래가지 못했다. 무한정일 수 없는 수산업까지 고도성장 정책을 적용한 군사정권의 정책 실패가 가져온 결과였다. 한때 300여 척에 달하던 인천 안강망 수협 어선이 지금은 몇 척 남아 있지 않을 정도로 인천 지역의 어업은 쇠퇴했다. 송은호 씨는 덕적 본토 사람들에 비해 피난민들이 더 억척스럽게 일을 했다고 회상한다.

"목숨 걸고 죽기 살기로 했어. 안개가 낀 날이면 어로 제한선을 넘어 곧잘 이북으로 넘어가 조업을 했어. 자신들이 살던 바다이니 눈 감고도 지리가 훤했지. 이북의 황금어장을 다녀오면 늘 만선이었고 그렇게 승승장구하더라고."

덕적도에는 진도군 조도 사람들이 많이 와서 선원 일을 했다. 그들 대부분은 겨울에도 고향에 돌아가지 않고 선주 집에서 지냈다. 간혹 고향에 가는 사람이 있으면 그 편에 돈을 보냈다. 당시 선주들은 돈을 포대로 담아놓고 쓸 정도로 돈이 흔했다. 덕적도 어업조합은 전국에서도 손꼽히는 조합이었다. 덕적도 어업조합 건물은 면소재지인 진리에 있다. 중국 사람들이 지었다는 빨간 벽돌집이 아직도 남아 있다. 어업

| 인천 신포시장 민어 골목에서 건조 중인 조기와 민어 알

조합에서는 외지 배들에게 어업세를 거뒀는데 그것을 '둠벙세'라 불렀다. "서기들은 배 타고 돌아다니면서 돈을 걷어다 뼁땅도 많이 쳤어."

밀수를 권하던 선원

송 씨도 민어잡이로 큰돈을 벌었다. 그의 배 선미호는 백아도 앞바다에서 하루 130층의 민어를 잡은 적도 있었다. 한번 출어에 무려 5.2톤의 민어를 잡은 것이다. 선미호로 민어를 잡던 시절, 한번은 인천 출신 여배우 도금봉이 주연하는 영화를 찍으러 제작

진들이 배우들과 함께 덕적도에 왔다. 무인도에서 낚시를 하는 장면에 민어가 필요하다고 민어를 팔라기에 몇 마리를 그냥 건네주었다. 그랬더니 낚시에 민어를 끼워 물속에 넣었다가 직접 잡은 것처럼 촬영했다. 선원들 중에는 더러 민어를 몰래 숨겨뒀다가 뗏마(전마선)를 타고 사러 다니는 '야매장이'한테 팔아먹는 사람도 있었다. 색싯집에 갈 술값을 마련하기 위해 도둑질을 했던 것이다. 송 씨 아버지가 풍선인 안강망 배를 부릴 때는 선원들이 군산의 어느 술집에다 그물을 잡혀놓고 술을 마셨다. 그물이 없어 출어를 못 하자 송 씨의 아버지가 기계배인 수협 지도선을 빌려 타고 군산까지 가서 술값을 갚아주고 그물을 찾아 출어를 시키기도 했다. 그래서 송 씨가 선미호를 부릴 때는 주로 동네 사람들을 선원으로 썼다.

"동네 사람들은 그물 하나라도 아꼈어. 하지만 객지 사람들은 엉킨 그물이 풀기가 귀찮으면 그냥 잘라내 버려. 동네 사람들은 일일이 풀어서 쓰는데. 배가 잘되면 유능한 선원들이 서로 타려고 덤볐지. 그래서 잘되는 배는 더 잘됐고."

선미호는 45마력의 일제 엔진을 장착했다. 1970년대 초에 덕적도에서 인천까지 2시간 40분이면 갔으니 당시로는 아주 빠른 배였다. 한번은 전라도 어선이 분실한 그물 한 틀을 찾아 준 적이 있었다. 그때 선원 하나가 넌지시 말을 건넸다. "이렇게 빠른 배로 왜 고기를 잡고 있소?" 처음에는 무슨 소린지 알아채지 못했다.

"일본 몇 번 뛰면 쇼부가 금방 나는데."

그 시절은 부산 쪽의 배들 사이에서 일본 밀수가 성행하고 있을 때였다. 그 선원은 밀수를 권했던 것이다. 선주들은 대부분 돈을 벌어 인천의 다른 사업에 투자했다. 극장을 산 덕적도 선주도 둘이나 있었다. 하지만 오래가지 못했다. 어떤 선주는 극장을 샀다가 하루 만에 마작으로 날리기도 했다. 그렇게 큰 부를 이뤘던 어떤 선주는 지금 인천에서 단칸 셋방살이를 하고 있다.

무분별한 어획에 모래알만큼 많던 새우도 사라져

새우가 많이 날 때 북리와 문갑도에는 새우젓 독을 만드는 독공장도 있었다. 피난민들이 독공장에서 일을 많이 했다. 독을 만드는 흙은 충남에서 목선으로 실어왔다. 여자들이 배에서 세숫대야로 흙을 이어 날랐다. 하지만 그 많던 새우들도 어느 순간 사라져 버렸고 독공장도 문을 닫았다.

"새우는 안 없어질 줄 알았어. 웃어른들 말씀이 새우는 모래 속에서 부화된다고 그랬어. 그만큼 많다는 이야기지. 그래서 새우만큼은 영원히 풍어일 줄 알았는데 결국 없어지더라고."

인간의 탐욕 앞에 무한한 자원은 어디에도 없었다. 과거 덕적군도의 주민들은 새우젓을 담아 충청도의 당진, 서산, 홍성 등지로 나가 보리나 쌀, 참외, 수박 등 과일과 물물교환을 했다. 또 봄에 새우젓을 보내주고 가을에 쌀을 받았다. 새우젓뿐만 아니라 가을 시제 때면 말린 민어포를 들고 강경이나 선산, 둔포, 예산 등지로 팔러 다니기도 했다. 민어 역시 쌀로 바꿔다 양식을 했다. 1970년대 이후 새우와 민어가 잡히지 않으면서 충청도 지방과의 교류는 끊어졌다.

　송 씨도 다른 선주들처럼 배의 규모를 차츰 늘려갔다. 그도 결국 99.55톤짜리 철선 안강망 어선 77은진호를 지어 동지나해까지 조업을 나갔다. 1977년, 선체를 담보로 6,500만 원의 정부 융자를 받았다. 선미호를 판 돈도 보탰다. 배를 짓고 출어장비를 마련하는 데 모두 1억 3,500만 원이 들었다. 당시 그 돈이면 중견 기업의 공장 하나를 설립하고도 남는 돈이었다. 그때는 어업으로 제법 돈을 번 사람들이 다들 배의 규모를 키워 동지나해 등의 먼바다로 나갈 생각만 했었다. 하지만 동지나해 어장도 싹쓸이 어업 앞에서는 오래가지 못했다. 오히려 작은 배를 유지한 사람들의 사정이 나았다. 송 씨의 선미호를 사간 사람은 덕적도에서 꽃게잡이로 큰돈을 벌었다.

　바다 일은 늘 투기사업이었다. 송 씨는 1980년대 어업으로 번 돈을 증권에 투자했다가 쫄딱 망했다. 뒤늦게 "송충이는 솔잎을 먹어야 한다"는 것을 깨달았다. 나중에 빚에 몰려 조업을 접고 배를 팔았지만 겨우 고철 값만 받았다. 빚을 다 갚기 위해 선산까지 팔아야 했다. 북리의 여러 선주들이나 송 씨처럼 배에서 번 돈을 극장이나 증권 따위에 투자했다가 망한 경우도 있었지만 배만 했던 사람들도 끝까지 성공한 사람은 드물었다. 돈을 벌면 더 큰 배를 지었고 그러다 어획고가 뒤따라주지 않으면 망했다. 그래서 노후에 고생하는 선주들이 많다. 반면에 땅이나 건물 등 부동산에 투자한 선주들은 큰돈을 벌었고 여전히 부유하게 살아간다.

굴업도
앞바다가
인천 항구
같았어

개머리, 폭풍의 언덕

굴업도 개머리 해안, 드넓은 초지는 오래전 섬의 목장이었다. 소떼를 방목하던 초지가 지금은 염소와 사슴들의 터전이다. 초원의 길을 따라 개머리 끝 절벽으로 간다. 인기척에 놀랐는지 풀숲 속에 숨어 있던 사슴의 무리가 쏜살같이 달아난다. 굴업도 이장 집에서 키우던 사슴 한 쌍이 울타리를 탈출한 뒤 번식해서 지금은 대가족을 이루었다. 마른 억새가 무성한 풀밭 가운데 아기 염소 한 마리가 처참하게 죽어 있다. 아직 여물지 않은 어린 뼈 조각들이 뒹굴고 살점이 떨어져 나간 검은 가죽은 너덜하다. 맹금류의 먹잇감이 된 아기 염소. 황조롱이 한 마리가 상공을 선회하다 사라진다. 필시 저 황조롱이의 짓이다. 섬은 매와 황조롱이, 검독수리, 말똥가리 등 멸종 위기종 맹금류의 서식처다.

사나운 날짐승의 한 끼 식량으로 바쳐진 어린 들짐승. 생(生)은 저토록 처참하고 잔혹하다. 생은 누구의 편도 아니다. 어린 생명이라 해서 봐주는 법이 없다. 어쩌면 생이란 맹수는 어리고 연한 고기를 더 즐기는지도 모른다. 한 목숨 죽어야 한 목숨 이어지는 생애의 벌판. 우리는 모두 남의 목숨으로 연명하는 생의 도축자들. 목숨이 주식인 생이여. 나는 육을 먹으나 내 몸을 이루는 것은 고기가 아니다. 내 몸은 영혼들의 집합소. 내 몸에 쌓인 영과 혼들. 헤아릴 수 없는 목숨들이 쌓여 한 목숨 이루었다. 굴업도 개머리 해안, 폭풍의 언덕에서 나는 내가 아니

소를 방목하던 개머리 언덕

다. 어디에도 나는 없다. 나 아닌 것들이 모여 내가 되는 생이여. 목숨이여!

굴업도의 화류계 '민어파시'

굴업도(掘業島)는 응회암으로 형성된 섬이다. 화산 폭발 후 그 재가 날아와 쌓이고 쌓여서 만들어졌다. 면적 1.71km², 해안선 길이 12km. 인천에서 남서쪽으로 90km, 덕적도에서는 남서쪽으로 13km 떨어져 있다. 주변의 문갑도와 백아도, 울도, 지도 등과 함께 덕적군도의 외곽 섬이다. 굴업도는 큰 섬과 작은 섬이 장수리라는 모래밭으로 연결되어 있다. 큰 섬에는 큰마을과 작은마을이, 작은 섬에는 목금이마을이 있었지만 30여 년 전쯤 목금이마을과 작은마을은 사라져 버리고 큰마을 하나만 남았다. 목금이마을이 있던 작은 섬에는 덕물산(126m)과 연평도산(123m)이 각각 덕적도와 연평도를 바라보고 서 있다. 지금도 두 섬을 연결하는 장수리 모래톱은 만조 때면 한두 시간씩 잠긴다.

1983년 국립중앙박물관 조사단의 패총 발견으로 굴업도에도 선사시대부터 사람이 살았다는 사실이 밝혀졌다. 삼국시대, 고려시대에도 굴업도에는 사람이 살았을 것이다. 하지만 굴업도 역시 여말선초의 공도정책으로 섬은 수백 년 동안 비어 있었다. 그러다 본격적으로 굴업도에 사람이 정착해 살기 시작한 것은 19세기 중반부터다. 당시 굴업도에 처음 들어간 이들은 덕적도의 벗개(서포리) 사람들이었다. 오래

전부터 벗개 사람들은 어기가 되면 굴업도에 들어가 농막을 치고 어로 활동을 하다 어기가 끝나면 철수하곤 했었다. 그러던 중 1890년경 장수성이란 벗개 사람이 처음 이주해 살기 시작했다.

벗개 사람들이 정착하기 전에도 굴업도에 들어온 충청도 사람들이 있었다. 하지만 그들은 해적들의 노략질을 견디지 못하고 다시 섬을 떠났다. 1864년(고종 1년) 덕적진 첨사는 굴업도의 왜구 침탈 사건을 보고서로 남겼다. 보고서에 따르면 당시 굴업도에는 6가구가 살고 있었다. 주민들은 쌀과 비단, 삼베, 광목, 식기, 유리 항아리, 솜옷, 솥뚜껑까지 왜구들에게 강탈당했다. 8·15 해방 때도 굴업도에는 6가구가 살고 있었다. 1952년에는 피난민의 유입으로 23가구까지 살았던 적도 있지만 2009년 1월 현재는 10여 가구로 줄었다.

굴업도 바다는 연평도, 백령도, 팔미도, 남양만, 대청도, 초치도, 만도리 바다와 함께 인천의 대표적인 어장이다. 그래서 덕적군도 최초의 어업 근거지가 굴업도였다. 1920년 전후 민어 어장이 발견되면서 전국 각지에서 어선들이 몰려들었고 굴업도에도 파시가 섰다. 외지 상인들이 들어와 선구점과 술집을 열었다. 여름철 민어파시 때면 사건 사고 처리를 위해 인천에서 순사가 파견되기도 했다. 박명숙 노인은 13세 때 충청도 태안에서 이사 와 굴업도에서만 쭉 살았다. 어렸을 때 어른들에게서 민어파시 이야기를 들었다.

"그때는 작사라 했어. 목금이 너머가 술집이 꽉 찼었어. 화류계라 했었대. 색시들이 많았대. 목금이마을이나 물 닿는 장수리 위에도 술집들이 아주 꽉 찼었대."

한 시절 민어파시로 성시를 이루었던 굴업도 역시 어업은 쇠락할 대로 쇠락했다.

 그때는 큰마을 섬과 목금이마을을 연결해 주는 모래톱인 장수리가 지금보다 높아 만조 때도 물이 넘나들지 못했다. 그 장수리에 파시가 섰다. 목금이마을과 장수리, 작은마을까지 임시 가옥이 들어섰고 색싯집도 문을 열었다. 비좁은 땅에 몇 천 명이 바글거렸다. 파시 때는 낙배라 부르던 민어 중선 배들이 많이 들어왔다. 돛이 세 개인 낙배는 노를 여섯 개 달고 다니며 연승 낚시로 민어를 잡았다.

"목금이 너머 바다에 민어잡이 배들이 까맣게 떴었대"

노인은 굴업도로 이사 온 1920년 말까지도 술집이 많았다고 기억한다. 해일로 사고가 난 뒤에도 여전히 파시가 이어졌다는 말이다. "그때는 목금이 너머 바다에 민어잡이 배들이 까맣게 떴었대. 인천 항구 같았지." 어선들이 들어오면 마을 여자들은 김치를 들고 나갔고 어선에서는 대야 가득 민어를 담아줬다. 주민들은 또 참외 같은 과일도 심어서 뱃사람들에게 팔았다. 파시 때 가장 많은 집은 술집과 요릿집이었다. 장사꾼들은 대부분 외지인들이었다. 굴업도 주민 중에는 덕적도에서 건너와 살던 할머니 한 사람만 막걸리와 소주를 팔았다. 막걸리는 직접 담그고 소주는 덕적도에서 탄자(옹기) 술을 사다가 팔았다. 크고 작은 사건이 끊이지 않았다. 어느 해에는 색주가에서 술을 마시던 선원이 작부를 살해하기도 했다. 그 선원이 밤중에 도망을 가서 피 묻은 옷을 빨았던 웅덩이 부근 바위를 굴업도 사람들은 살인바위라 불렀다. 1923년 8월 15일 자 『동아일보』는 당시 굴업도 민어파시 소식을 전하는 기사를 내보냈다.

> 작년부터 어장이 생김에 따라 사람들이 모여들어 제법 시가를 이루었다. 여름이면 사람들이 모여들어 영락하던 무인도에 수백 명의 번창한 어촌을 이룬다. 금년에도 인천서에서 주재소를 설치하고 의사도 출장하였다.
>
> ―『동아일보』 1923년 8월 15일 자 중에서

당시 파시에는 조선인만이 아니라 일본, 중국 상인까지 있었다고 기사는 전한다. 1923년 파시에는 충청도 서산·보령, 전라도, 제주 등지에서 온 선박 3백여 척과 선원, 상인 등 2,000여 명이 몰려들었다. 음식점, 색주가, 선구점 등만 130여 호에 500여 명이 종사했다. 이때는 인천과 굴업도 간을 임시 왕래하는 발동선도 출항했다. 하지만 바로 다음 날 『동아일보』는 굴업도에 일어난 참극을 전하고 있다. 번성하던 파시가 갑자기 밀어닥친 해일로 초토화된 것이다.

굴업도는
정거장이었어,
전국의 배들이
여기서 다 잡아 갔지

1923년 굴업도 해일로 200여 척의 어선 조난

'어기 중 굴업도 전면 선박 파괴 200여 척'. 『동아일보』 1923년 8월 16일 자 기사의 제목이다. 기사는 해일과 폭풍으로 130호의 가옥이 파괴되고 굴업도 항에 대피했던 100척과 항 밖에 있던 100척 등 모두 200여 척의 민어잡이 어선이 조난당했다고 보도한다. 바다는 잠잠했고 해일의 조짐은 어디에도 없었다. 8월 12일 아침부터 내리기 시작한 비가 전조라면 전조였을까. 하루 밤낮을 꼬박 비가 쏟아지더니 8월 13일 아침, 바다는 갑자기 폭풍에 휩싸였다. 100여 척의 어선들은 거센 바람과 파도를 피해 굴업도 내항으로 피항했고 나머지 어선들은 항 밖에 닻을 내리고 폭풍이 지나가기를 기다렸다. 하지만 거센 바람은 그치지 않았고 곧이어 무서운 해일이 밀어닥쳤다. 해일은 순식간에 어선들을 뒤집고 휩쓸어 버렸다.

아비규환. 내항, 외항 할 것 없이 굴업도는 아수라 지옥으로 변했다. 당시 민어잡이 어선 한 척에는 보통 5~6명씩 승선했으니 해일은 200여 척의 배에 승선한 1,200여 선원들을 삼켜 버린 것이다. 파시촌을 형성했던 조선 가옥 120호와 일본 사람 상점 6호, 중국 사람 상점 2호도 "바람에 날려 자취도 없이 사라졌다". 취재를 위해 굴업도를 방문했던 『동아일보』 기자는 "인가는 바람에 날리고 어선은 파도에 잠겼고 사람은 용왕의 밥이 되었다"고 당시의 참상을 기록했다. 해일은 굴업도만이 아니라 평안북도 용천군에도 밀어닥쳐 1만 명의 이재민을 냈다. 후일 일제의 피해 상황 집계에 따르면 굴업도에서만 사망·실종자가 120명이다. 그러나 실제 피해는 그보다 더 컸을 것이다. 사고 후 굴업도 이재민들에게는 사망자 가족 10원, 기타 3원씩의 보상금이 주어졌다.

1923년 8월의 해일 사고를 지금 굴업도 주민들은 '기미년(1919년) 윤칠월' 태풍으로 기억하고 있다. 주민들은 모두가 기미년 태풍 때 '장수리 파시촌'이 큰 피해를 입었다고 증언했다. 하지만 이는 1923년이라는 다수의 당시 신문 보도 기록들과는 어긋난다. 아마도 잘못 전해진 집단 기억이 아닐까 싶다. 해일 이후 일제는 굴업도의 어업 근거지를 덕적도 북리로 옮기게 했다. 그러나 해일 사고 뒤에도 한동안 굴업도에서는 민어파시가 계속됐다. 이는 주민들의 증언이나 당시 신문기사가 일치한다. 1925년 6월 25일 자 『동아일보』 기사는 굴업도 파시 기사를 전한다. "3개월 동안 어부와 음식점, 웃음을 파는 매소부 등을 합하면 3천여 명에 달한다. 금년에도 사람이 많아서 인천경찰서에서

민어 철이면 파시가 섰던 굴업도 해변

순사 2명을 파견했다."1927년에도 어부 500~600명과 상인 500여 명 등 모두 1,000명이 파시를 형성했다. 그 이후 더 이상 굴업도 파시에 대한 기사는 보이지 않는다. 아마도 덕적도 북리의 축항 공사가 진척되면서 굴업도 민어파시는 규모가 작아지고 자연스럽게 종말을 고했을 것이다.

파시가 소멸되자 굴업도는 다시 한미한 어촌으로 돌아갔다. 한동안 굴업도는 소를 기르는 목장이 됐다. 집집마다 2~3마리씩의 소를 방목해 키웠다. 이기윤 씨 일가가 기르던 방목 소가 가장 많아 한때 97두까지 됐다. 1950년대에도 방목 소가 20두 정도 있었다. 1959년 굴업도를 방문했던 '국립박물관 서해 도서 조사단'은 굴업도가 덕적면에서 가장 빈곤한 섬이라고 기록했다. 그때는 모두 15가구가 살고 있었다. 원주민이 6가구, 피난민이 9가구였고 소형 어선이 두 척 있을 뿐이었다. 피난민들은 일정한 생업 없는 구호 대상자들이었고 주민들도 어업 노동자로 품을 팔아 연명했다. 그때는 방목 소들도 대부분 외지인이 위탁한 것들이었다.

햇배에서 뒷통질로 민어 낚시

1950~1960년대에도 굴업도 어장에서는 민어가 많이 잡혔다. 조기잡이 유자망 어선 선주를 하다 후일 덕적 면장을 지낸 굴업도 작은마을 출신의 이장용 씨는 아버지, 할아버지까지 3대가 어업에 종사했다. 일제강점기 때 굴업도에서는 이 씨의 아버지 이학천 씨와, 김동률, 이재희 씨 세 사람이 각기 한 척씩의 민어잡이 배를 가지고 조업했다. 작은마을에 살던 이 씨의 아버지는 민어철이면 낚시와 줄 등을 파는 선구점도 했다. 이 씨에 따르면 6·25 이후에도 조기잡이 철이 끝나면 민어잡이 낙배 수백 척이 굴업도로 몰려들었다. 낙배는 충남이나 전북 군산 지방에서 온 배들이 많았다. 그물질로 잡는 투망배는 많지 않았다. 충남 지역에서 온 낙배는 반드시 '낙지배'를 끌고 와서 굴업도 목금이 선착장 부근에 정박시켰다. 낙지배는 작은 수조였다. 충남 배들은 낙지배 가득 낙지를 싣고 와서 살려둔 채 민어의 미끼로 썼다. 낙지는 줄어 전에 산 채로 자르거나 살짝 데쳐서 쓰기도 했다. 민어는 6월부터 초가을까지 잡았다. 어부들은 울대라는 대나무 꼬챙이

연평산에서 바라본 굴업도. 굴업도는 덕적군도의 섬들 중 가장 빼어난 경관을 자랑한다.

를 바다에 대고 소리를 들어 민어떼가 있는 곳을 찾아냈다.

굴업도의 민어 어장은 굴업도 북동쪽 청골과 굴업도 개머리 앞바다, 덕물산 앞의 동뿌리 어장, 굴업도와 문갑도 사이의 굴업골, 백아도와 굴업도 사이의 민어탄 등이 주요 어장이었다. 똥섬 앞의 준치여에서도 민어가 많이 잡혔다. 굴업도 사람들은 낙배와는 다른 '햇배'라는 소형 어선으로 민어를 잡았다. '햇배'는 '뒷통질'로 민어를 잡는다 해서 뒷통배라고도 했다. 배의 뒤편에 앉은 어부 두 사람이 봉돌을 하나씩 던져 연승 낚시(주낙)로 민어잡이를 하는 것이 뒷통질이다. 굴업도 배들은 주로 개머리 앞바다에서 뒷통질을 많이 했다. 작은 돛단배로 하룻밤에 수백 마리씩의 민어도 쉽게 잡았다. 어떤 때는 동뿌리에서 선미도까지 옮겨가며 주낙을 놓기도 했다. 굴업도에서는 조기도 그물이 아니라 낚시로 잡았다. 민어는 소금에 절여 말려 두었다가 충청도 태안, 서산 등지로 나가 팔았다. 민어 알을 기름 발라 말린 민어 알포도 유명했다. 민어는 배에서도 절이고 집에 돌아와 가마니를 쌓고도 절였다. 절인 민어는 주로 바위에 말렸다. 민어와 민어 알포 없이는 제사도 못 지낸다 했다. 민어잡이가 한창일 때는 우럭 같은 것은 고기로 치지도 않았다.

이화용 노인은 굴업도 큰마을이 고향이다. "굴업도는 정거장이었어. 충남이나 전라도, 인천, 산지사방 배들이 몰려와 여기서 다 잡아갔지." 지금 굴업도 선적의 어선은 꽃게잡이 배 한 척뿐이다. 그나마 오늘은 바람이 불어 어선이 피항을 위해 백아도로 건너가고 없다. "굴업도는 뱃석이 안 좋아 백아도로 배를 대러 갔어." 바람이 불어도 배를 안전하게 정박시킬 수 있는 곳이 '뱃석'이다. 노인은 굴업도 역사의 산 증인이다. 굴업도는 1년에 한 번씩 당제사를 모셨는데 제주가 정해져 있었다. 굴업도에 처음 이주해온 벗개의 장씨 할머니가 처음 제사를 모시기 시작했는데 후일 타지로 이사 가고 나서는 가장 연장자인 이 노인의 어머니가 물려받아 해마다 제사를 모셨다. "곡식을 마당에 널면 새떼가 다 물어가곤 했어. 그런데 당제사를 지내고 나면 새떼들이 다 날아가 버리곤 했지."

  노인도 돛을 두 개 단 5톤짜리 햇배로 오랜 세월 민어잡이를 했다. 노인이 민어잡이를 하던 1960년대에 굴업도에는 햇배가 네댓 척뿐이었다. 노인과 이장용, 문갑성, 최영복 씨 등이 선주였다. 나일론 그물이 생기고 대형 선단이 몰려들면서 민어 어장은 고갈되어 갔다. 1970년대 들면서 마침내 굴업도 바다에서도 민어의 씨가 아주 말라 버렸다. 인천 앞바다처럼 흥청이던 굴업도의 한 시대도 그렇게 저물어 갔다.

3부

- 도시의 섬, 추억을 파는 소래포구

- 새우젓 배 들어오면 파시가 서고

- 피난민들이 소래포구 어업 발달 이끌어

- 총각은 새우를 먹지 말라

● 목숨 걸고 새우를 잡던 시절

● 소래가 다 뻘바탕이라 길바닥이 모두 뻘거덕 뻘거덕 했지

● 월동을 대비해 살이 오른 가을 꽃게도 일품

● 대동굿은 사라지고 교회에서 줄어 예배

저무는 소래포구에 새우젓 배 들어오면

바닷모래 채취로

물고기들의 산란장이 사라져 간다.

물고기들의 집을 헐어다

사람의 집을 짓는다.

아파트 벽 속에는

얼마나 많은 물고기 알들이

화석처럼 굳어져 있는 것일까.

도시의 섬,
추억을 파는
소래포구

꼬마기차

색소폰 소리보다 더 깊은 폐부에서 울려오는 듯한 경적 소리, 잘가락 잘가락 밟히는 바퀴 소리, 그리고 갓 출가하여 여대생 티가 가시지 않은 채 팔뚝에 연비 자국이 아직 아물지 않은 수해 스님을 태워 보내기 위해 어느 날 새벽 별을 보며 배웅 나갔던 여섯 시 반의 이른 새벽 열차…….

― 『협궤열차』 중에서

윤후명의 소설 『협궤열차』 속에서 그려지는 열차의 모습은 애잔하다. 1970년대 말쯤이었다. 송도역에서 협궤열차를 타고 소래에 처음 가 본 것이. 열차는 장난감 열차 같았다. 그래서 사람들은 그 작은 열차를 '꼬마기차'라 불렀다. 그때는 송도에서 수원까지 46.9km의 노선만 살아 있었다. 송도에서 출발한 기차는 남동, 소래, 달월, 군자, 원곡, 고잔, 일리, 사리, 야목, 어천을 거쳐 종착역인 수원역에 도착했다. 트럭과 부딪쳐 열차가 전복되기도 했다던 꼬마기차. 증기 기관이었을 때는 힘이 부족해 오르막길이면 손님들을 내려서 걷게 만들었다던 전설의 꼬마기차. 협궤열차가 사라지기 전, 인천 언저리에 살았던 사람 중 꼬마기차에 대한 추억 하나쯤 없는 사람은 드물 것이다. 수인선 철도는 일반 철길 폭의 절반밖에 안 되는 폭 72.6cm의 협궤철로였다. 마주 앉은 승객의 무릎이 맞닿을 정도로 객차 안은 좁았다. 협궤열차는 문학과 방송, 영화 등의 무대로 활용되면서 유명세를 탔고 덩달아 소래포구의 명성을 높이는 데도 크게 기여했다.

운항을 멈추고 전시장에 서 있는 추억의 '꼬마기차' 협궤열차

바람이 제법 거세다. 이제 더 이상 기차가 다니지 않는 소래철교에는 난간이 설치되었고 사람들은 자유롭게 건너다닌다. 철로가 있던 자리에는 포장마차와 식당과 난전이 들어섰다. 거기서 사람들은 한 잔에 1,000원짜리 막걸리 한 사발을 마시고, 전어구이를 먹고, 호떡과 국화빵, 마른 새우와 멸치를 사간다. 생굴무침과 바지락을 팔러 나온 행상들, 텃밭에서 기른 호박과 시금치, 고추, 알타리무를 들고 나온 할머니들도 있다. 철로에서 마시는 막걸리 맛은 각별하지만 나는 여전히 협궤열차가 사라진 것이 못내 아쉽다.
　소래포구는 협궤열차 때문에 만들어진 포구였다. 소래포구가 생기기 전에는 대부분의 배들이 시흥시 포동의 새우개포구로 드나들었다. 1907년, 일제는 주안에 시험용 염전을 만든 것을 시작으로 바닷물을 끓여서 만드는 전통 자염(煮鹽) 생산지였던 주안, 남동, 소래, 군자 등지에 대규모 천일염전 단지를 조성했다. 1935년, 일제는 화약의 원료가 되는 천일염을 인천항으로 반출하기 위해 수인선 철도를 깔았다. 조선의 값싼 노동력과 주인 없는 갯벌을 이용해 천일염을 생산했고 이를 전매해서 막대한 수익을 올렸다. 거기서 나온 수익은 조선총독부의 자금줄이 됐다. 해방 후에도 호황을 누리던 염전은 1980년대 중국산 소금의 유입으로 값이 폭락하면서 폐염전이 됐다. 수인선 철도는 천일염뿐만 아니라 쌀과 광물 자원까지 반출하기 위해 일제가 만든 경동철도선의 일부였다. 일제는 강원도의 광물 자원과 여주·이천의 쌀, 소래·군자 천일염 단지의 소금을 인천항을 통해 일본으로 반출할 목적으로 강릉, 수원, 인천으로 이어지는 긴 철도를 만든 것이다. 일제하에서 수탈의 길이었던 수인선이 해방 후에는 철로변 주민과 학생들의 고마운 발이 돼주었다. 하지만 1980년대 이후 자동차 도로의 확장에 따라 철도 이용객 수가 급감했다. 협궤열차는 만성적인 적자에 시달리다 몇 번의 노선 단축 끝에 1995년 12월 31일 운행을 영영 멈추고 말았다.

포구로 가는 길

협궤열차가 멈추면서 소래역도 사라졌다. 소래역이 있던 자리는 지금 버스 종점이다. 21번, 27번, 32번, 38번, 754번 버스들이 인천과 소래 사이를 왕래한다. 종점에 도착한 시내버스는 잠깐의 휴식 뒤 왔던 곳으로 다시 돌아간다. 시내에서 소래로 들어오는 버스들은 배차 간격도 다르지만 걸리는 시간도 제각각이다. 마을버스처럼 구석구석 도는 27번 버스를 타면 인천종합터미널에서 소래까지 1시간이 걸린다. 하지만 38번은 30분이면 족하다. 시내버스 하나를 타는 데도 정보가 필요하다. 버스 종점 주변에는 상가가 많지 않다. 종점슈퍼도 문을 닫았다. 버드나무 아래서는 할머니 한 분이 끝물 고추를 따가지고 나와 관광객들에게 판매 중이다. 종점 근처에 오랜 세월 살아온 원주민이지만 할머니는 소래포구가 번성한 덕을 보지 못했다. 농사만 지어온 탓이다. 바다 일을 하거나 장사를 하지 않는 원주민들은 농작물이나 조금씩 내다 팔 뿐 밀려드는 인파에도 별다른 소득을 얻지 못한다. 소래포구의 오래된 옛집들 일부는 주변의 새로 생긴 고층 아파트 단지 사이에 섬처럼 떠 있다.

소래포구로 들어가는 길목의 건어물 가게들

할머니는 연신 "고추 사가세요, 고추 사가세요" 사정하지만 시든 고추를 사주는 사람은 거의 없다. 어떤 노인 한 분이 1,000원어치 한 바구니를 갈아준다. 할머니는 그 노인이 고맙다. "아저씨, 맛있게 잡숫고 건강하소." 팔순의 할머니는 고마운 마음을 감출 수 없다. "고맙수다. 고맙수다." 같은 돈이지만 돈이 흔한 포구의 어시장이나 횟집들과 돈의 가치가 이렇듯 천양지차다. 소래포구 안길의 시작은 원주민 공인중개사 앞부터다. 길 휴게실도 문을 닫은 지 오래고 그 옆 왕대포집에서는 막걸리 한 사발이 1,000원이다. 왕대포집 앞 은행나무 아래 할머니 한 분이 굴을 까고 있다. 한 자루 가지면 하루도 까고, 이틀도 까고

소래포구는 추억을 파는 도심의 섬이다.

그러신다. 2008년 가을, "올해는 날이 가물어서 굴이 안 여물다"고 노인은 혀를 찬다. 노인은 보리와 검은콩, 생강 따위도 놓고 팔지만 손님은 드물다. 오른쪽 빈터에서는 소래포구 회센터 공사가 한창이다.

소래 버스 종점에서 소래포구로 들어가는 길목은 온통 기계음으로 요란하다. 아직도 신축 중인 공사장이 사방에 널렸다. 이미 아파트 단지와 대형 건물들이 들어선 거리는 더 이상 시골 동네가 아니다. 소래에서 옛 모습을 간직한 곳은 포구 부근 일부뿐이다. 건너 월곶에도 신도시가 들어섰다. 포구 또한 신도시 속의 섬이 되고 말았다. 사람들은 소래에 마지막 남은 섬에 닿고 싶어 밀물처럼 몰려든다. 만조가 되었던 사람의 물결은 밤이 깊으면 또 썰물처럼 빠져나간다.

  본격적인 어시장 상권의 시작은 충청도횟집부터다. 생선구이와 새우튀김, 오징어튀김, 잔술로 파는 막걸리와 돼지 껍데기 등이 횟집 앞 좌판에 나와 있다. 지나가는 관광객들을 유인하기 위한 먹거리들. 수족관 앞에는 조개구이용 조개들이 접시 가득 담겨져 관광객들을 유혹한다. 건어물 상점 좌판에는 한치와 쥐포, 멸치, 홍합, 문어포, 오징어채, 건새우, 돌김, 나막스, 북어포 등이 나와 있지만 소래산 건어물은 새우뿐이다. 옹진횟집, 칡즙 가게, 옷 가게, 그 옆은 결성건어물이다. 결성건어물 한편에는 마른 생선을 파는 노부부가 있다. 참조기, 박대, 장대 등을 말려서 판다. 상가 건물 중간중간에는 굴과 바지락, 꼬막을 파는 노점이 있고 간장게장과 굴무침을 파는 좌판들은 목청껏 손님을 부른다. 그 길을 따라 대복횟집, 소래바다횟집, 중앙횟집, 호남횟집, 광성회센타 등이 이어진다. 이들은 큰 도로변에 대형 횟집들이 들어서기 전에 생긴 소래포구 1세대 횟집들이다. 어물뿐만 아니라 쑥개떡과 감자떡을 파는 수레에도 손님이 기웃거리고 찐빵 가게에서는 김이 모락모락 피어오른다.

새우젓 배
들어오면
파시가
서고

어시장 풍경들

　　소래포구 시장 골목, 간장게장을 파는 여자는 같은 자리에서 30년 동안이나 노점을 했다. 꽃게 철에는 주로 간장게장을 담가 팔면서 낙지젓과 생굴무침도 함께 판다. 꽃게가 나지 않는 철에는 말린 생선 장사로 생업을 이어간다. "이 시장에서는 한 가지만 고집해서는 장사가 안돼요." 지금도 시장은 발 디딜 틈 없이 북적이는데 여자는 옛날에 오히려 장사가 더 잘됐다고 회상한다.

　　"그때는 많이 사다가 냉동해 놓고 먹으니까 장사가 잘됐어요. 지금은 다들 외식을 많이 하니까 장사가 잘 안돼요. 반찬거리도 잘 안 사가고. 지금이야 김장철이라 새우 사러 온 사람이 많지만 이때뿐이에요. 횟집도 옛날보다 안돼요. 구경만 하고 가는 사람들이 더 많아요."

　　여자는 게장은 그날 담근 것을 판다. 그래야 집에 가면 맞춤하게 익

가을 소래포구는 꽃게와 새우의 천국이다.

은 게장을 먹을 수 있다. 여기서 익은 것 사가면 "쩔어서" 물이 안 좋다. 간장게장 암꽃게는 5~6마리 한 통에 20,000원. 시내의 게장정식집에서는 저런 꽃게 한 마리 올려놓고 20,000원도 받고 30,000원도 받는다. 충북양념집 앞에서부터 물양장 좌판 골목이 시작된다. 과거에는 젓갈전, 생선전, 조개전, 활어전 들의 구분이 있었지만 지금은 그 구분이 무의미해졌다. 마른 생선 좌판 옆에 조개 좌판이 있고, 그 옆에 활어집도 있다. 좌판의 주인들이 바뀌면서 자꾸 더 잘되는 품목으로 바꾸다 보니 그렇게 됐다. 그래도 여전한 것은 중간의 젓갈 좌판과 바닷가 쪽으로 난 활어 난전 정도다. 그쪽이 그래도 손님도 안정적이고 꾸준한 까닭이다.

시장 들머리에는 대하를 파는 왕새우 좌판이 있다. 대하는 두 종류다. 태국산은 1kg에 15,000원. 사우디 산은 1kg에 18,000원. 상인은 사우디아라비아 산이 더 맛있다고 권한다. 보기에도 때깔이 좋아 보인다. 사막의 나라에서 웬 해산물인가 싶지만 시장에는 의외로 사우디 산 수산물들이 많다. 대하는 대부분이 냉동이다. 수입산 냉동 새우를 해동해 판다. 왕새우 좌판 주인 여자는 "소래는 전부 외국산 대하"라고 단언한다. 국산은 가격도 비싸고 물량도 많지 않기 때문이란다. 생선은 자연산보다 양식이 더 많다. 놀래미는 무조건 자연산으로 알고들 있지만 놀래미도 양식이 있다고 여자는 귀띔한다. 자연산이 나지 않는 겨울에는 중국산 양식 놀래미가 들어온다는 것이다. 양식 물고기는 아무리 큰 것도 2kg을 넘지 않는다. 사료 값 때문에 더 키우면 양식업자들이 수지가 맞지 않고 너무 큰 것은 손님들이 잘 찾지도 않기 때문이다. 그래서 3~4kg씩 나가는 광어, 우럭 대물들은 자연산이라고 보면 무방하다.

회칼을 잡은 비범한 '여 검객'

바다 전망을 확보한 물양장 앞줄 생선 좌판들은 즉석 회를 떠서 판매한다. 관광객들은 돗자리를 깔고 앉아 전어와 광어, 우럭 회를 먹고 홍합 국물에 소주를 마신다. 작정하고 도시락을 싸온 나들이객들도 눈에 띈다. "비켜요, 비켜" 활어 좌판대 앞을 가득 메운 인파를 뚫고 여자 하나가 대물 농어 한 마리를 보듬고 뛰어온다. 상하기 전에 어서 빨리 횟감으로 팔아 넘겨야겠다는 집념이 보인다. 여자는 소래수산 좌판 앞에서 길을 멈춘다. 소래수산 주인 여자에게 농어를 건네며 횟감으로 쓸 만한지 봐 달라고 부탁한다. 족히 10kg는 될 듯한 대어다. 주인 여자는 그다지 물이 좋아 보이지 않는 농어의 몸체를 살핀 뒤 아가미를 들춰보더니 이내 고개를 가로젓는다. "아가미가 하야면 날로 못 먹어. 어떤 생선이든 아가미가 빨개야 날것으로 먹을 수 있어." 농어 주인 여자는 가져올 때의 득의양양하던 표정은 간 곳 없고 힘이 쭉 빠져서 돌아간다. 농어가 이제는 100kg도 더 나가는 것처럼 무겁게 느껴질 것이다.

회를 뜨는 숙수마다 각자 나름대로의 비법이 있지만 소래수산 주인 여자는 참으로 노련하다. 단칼에 활어의 숨통을 끊는 솜씨가 평범한 칼잡이의 그것이 아니다. 여자가 우럭 회를 뜬다. 퍼덕거리는 우럭의

머리를 칼등으로 때려 기절시킨 뒤 단숨에 멱을 딴다. 우럭의 목이 댕강 잘리고 힘줄에서 피가 솟구친다. 그것을 흐르는 물에 씻으니 피가 쫙 빠져나간다. 생선회는 피를 빼는 것이 관건이다. 피를 잘 빼야 비린 맛이 없다. 여자는 비범한 검객이다. 여자는 이곳에서만 20년째 활어 장사를 해왔다. 20년 칼잡이. 지나던 남자 손님이 물으니 여자는 작은 우럭 두 마리가 15,000원이라 한다. 남자는 작은 것 한 마리 더 달라고 한다. 여자는 단칼에 거절한다. 칼 솜씨처럼 장사 또한 담백하다.

"안 사도 괜찮아요. 한 마리 더 주고 팔 거면 안 파는 게 낫지." 말없이 사라졌던 남자는 잠시 후에 다시 돌아온다. 더 싸게 파는 집이 없었던 모양이다. "지금은 손님들이 너무 약아 갖고. 약은 정도가 아니에요." 손님들이 값을 더 잘 알아 버리니까 힘들단다. "좋은 물건 갖다 손님들한테 싸게 줄라고 하면 더 싸게 먹어 버릴라 하니." 초입에서는 양식 우럭이 1kg에 20,000원이었다. 이 집은 15,000원이니 많이 싼 편이다. 여자는 이제 약은 손님들 상대로 약은 짓을 할 수 없으니 그저 박리다매를 지향한다고 강조한다. 칼 솜씨가 좋으니 가능한 일이다.

2008년 소래포구의 젓새우는 예년에 비해 나오는 물량이 적은 편이다. 추젓은 한 드럼에 도매가로 400,000원대. 포구를 찾는 관광객들 대부분은 김장에 쓸 정도의 소량만을 구입해 간다. 11월 어느 날 소래 포구의 오후, 아직은 한창 밀물 때. 김장철이 다가오면서 포구는 입추의 여지가 없다. 비좁은 물양장 통로를 떠밀려 다니는 사람들. 그 어디에도 송곳 꽂을 틈 하나 없다. 많은 사람들이 김장용 새우젓 가게 앞에서 걸음을 멈춘다. 사람들 사이를 빠져나가는 일은 전투에 가깝다. 새우젓

어둠이 깃들면 소래포구 어시장은 불야성을 이룬다.

배가 들어오는 수협 공판장 앞 부둣가도 혼잡하기는 시장통과 진배없다. 덕적도 근해에서 갓 들어온 젓새우들이 부둣가로 쏟아져 내린다.

포구 부둣가에 열리는 새우파시

소래포구 부녀 회원들이 배에서 막 내린 젓새우를 받아 좌판을 벌인다. 젓새우는 '말통'이라 부르는 플라스틱 통에 담아서 판다. 순식간에 포구에는 새우파시가 선다. 아직은 새우 값이 싼 편이다. 1말에 10,000원에서 15,000원 정도. 본격적인 김장철이 시작되면 새우 값도 덩달아 뛴다. 그때는 가격이 지금의 배 이상이다. 김장철이 다가오자 부지런한 사람들은 새우가 조금이라도 쌀 때 사다가 냉동해 두려고 소래포구를 찾았다.

가을부터 봄까지 소래포구의 또 하나의 명물은 꽃게다. 올해는 꽃게가 풍년이다. 꽃게는 작년(2007년)에 비해 30% 이상 더 많이 잡히고 있다. 암꽃게가 1kg에 15,000원, 수꽃게는 12,000원. 꽃게는 활꽃게, 냉동 꽃게로도 팔리고, 간장게장과 무침으로도 팔려 나간다. 조업 나갔던 꽃게배들이 들어오면 포구 시장 안의 좌판은 물론 부둣가 바닥에도 꽃게 난전이 벌어진다. 새우파시 한쪽에 꽃게파시가 서는 것이다.

피난민들이
소래포구
어업 발달
이끌어

소래포구의 산증인, 어촌계

　　　　1935년 건설된 수인선 철도와 함께 소래포구의 역사도 시작됐다. 처음에는 철로 건설 노동자들과 염전의 염부들을 실어 나르는 나룻배가 포구를 드나들었고 차츰 포구에 정착한 몇몇 주민들도 전마선(노를 저어 가는 작은 배)으로 어업 활동을 시작했다. 하지만 일제하에서 소래포구는 크게 번성하지 못했다. 소래포구 도약의 계기는 전쟁 피난민들의 정착이다. 덕적도 북리처럼 어로의 경험이 많은 피난민들이 소래의 어업을 주도했다. 1963년 2월, 어촌계원 23명이 모여 임민선 씨를 초대 어촌계장으로 추대하고 소래 어촌계를 탄생시켰다. 1970년대 초에는 어선들의 어획물을 육상에 하역할 수 있는 공간인 '물양장'이 조성됐고, 소래포구가 유명세를 타기 시작한 1970년대 중반에는 어선 수도 150여 척으로 급증했다. 1980년대 들어 소래

소래포구의 명물 새우젓 난전

포구는 더 크게 번성했다. 1982년 인천항에 소형 어선의 출입이 금지되면서 인천의 어선들이 소래포구로 대거 몰려온 것이 계기였다. 그해 어촌계원은 200명으로 늘어났다.

포구의 번성과 함께 횟집들도 증가했다. 1983년 정부는 오랫동안 무허가로 운영되던 횟집들을 양성화시켰다. 이때 지역 주민 32명이 허가를 얻었다. 1983년~1986년 사이 소래포구는 최전성기를 누렸다. 1984년 11월 한 달 동안 소래포구를 다녀간 사람은 18만 명이 넘었다. 그때는 관광버스가 하루 평균 100대씩 밀려들었다. 김장철이면 새우젓 산지로 신문, 잡지, 방송 등에 소개되고 드라마와 영화의 배경으로 빈번히 등장하면서 소래포구는 전국적 유명세를 탔다. 처음에는 새우젓과 생새우를 사려는 사람들이 주로 찾아왔지만 점차 소래에 가면 갓 잡아온 활어회를 먹을 수 있다는 기대감이 사람들을 끌어모았다. 수도권 인근에는 소래포구처럼 옛 정취를 간직한 포구가 남아 있지 않은 것도 사람들을 몰리게 만든 이유였다. 소래 어촌계도 홍보에 적극적이었다. 1981년부터 새우를 사러 오는 사람들에게 소래 어촌계 전화번호가 새겨진 봉투를 팔았다.

소래 갯벌 매립으로 한때 위기

소래포구에도 위기가 있었다. 1992년 소래에 LNG 기지 건설이 계획되면서 어선 118척이 폐업했고 어촌계원 수도 급감했다. LNG 기지만이 아니라 한국화약 매립지 확대로 갯골이 좁아져 어로 활동에도 막대한 지장이 생겼다. 이때 어민들은 보상 투쟁을 벌였고 보상금을 받은 어민들 일부가 대형 횟집을 차리거나 어시장의 상인으로 전업하면서 포구는 점차 활기를 되찾아 갔다. 2007년 3월, 소래의 어선은 모두 327척, 이중 유자망(86척) 어선이 가장 많고, 그다음이 복합어업(61척), 통발(52척), 개량 안강망(50척) 등의 순이다. 어선들의 연간 총 어획고는 400억 원. 물양장 상인들의 판매 수익(765억 원)과 주변 업소들의 수익(100억 원)까지 포함하면 소래포구의 2007년 한 해 수산물 거래액은 1,265억 원에 달한다.

오랫동안 소래 어민들의 가장 큰 소득원은 새우와 꽃게잡이였다.

2007년, 새우와 꽃게잡이 개량 안강망 어선 한 척당 평균 소득은 4억 원 선이다. 7~8억 원의 수입을 올린 배들도 있다. 출어경비와 인건비 등을 뺀 선주의 순수익은 매출액의 30% 수준. 소래에서 선원들은 월급제로 일한다. 소래는 '짓나누기'가 없이 시작부터 월급제였다. 이주민 선원도 더러 있지만 선원은 대부분 소래 지역 사람들이다. 새우잡이 배 한 척당 선원은 평균 4~5명. 한국인 선원의 평균 월급은 270~300만 원 정도다.

갯벌을 매립해 만든 물양장

소래포구를 찾는 사람들 대부분은 물양장의 판매대에 가득 쌓인 어물들을 한두 가지쯤 사본 기억이 있을 것이다. 판매대의 면적이라 해봐야 고작 한 평 남짓밖에 안 된다. 더러 두세 개의 매장을 터서 하나의 가게로 만든 집들도 있으나 대부분은 한 평짜리 가게다. 하지만 이 작은 가게 하나에서 나오는 수익은 상상을 초월한다.

소래포구 물양장은 1975년 대통령 특별 하사금(교부금)과 어민들의 울력으로 탄생했다. 공유수면인 갯벌을 매립해 1,000여 평 남짓의 땅을 만들었다. 하지만 매립지에 지번이 생긴 것은 1987년 한 차례 보강 축조 공사로 물양장 땅이 1,500여 평으로 늘어난 뒤였다. 그 전까지는 매립지였지만 문서상에는 바다로 남아 있었다. 주민들이 만든 땅이었으나 땅은 끝내 주민들의 소유가 되지 못했다. 정부에서는 주민들에게 소유권을 줄 의사가 있었지만 주민들 사이에 의견 통일이 이루어지지 못했다. 어촌계 명의로 할지 개인 명의로 할지 결정하지 못하자 결국 땅은 수산청으로 넘어갔다가 다시 재경부의 소유가 됐다. 지금은 인천시 남동구가 재경부로부터 위탁관리권을 넘겨받아 주민들에게 임대해주고 있다. 계약은 1년 단위로 이루어지고 있지만 점유권이 인정되니 소유권이 있는 것이나 다름없다. 인천 남동구청 관계자에 따르면 2008년 현재 물양장 내의 좌판 수는 332개, 좌판 1개당 1년 임대료는 평균 127만 원대이다.

물양장 조성 초기 좌판은 어촌계원들에게만 배분이 됐었다. 배분이 되고 남은 자리에는 타 지역에서 들어온 상인들이 물건을 받아다 팔기도 했다. 상인들에게도 좌판의 권리가 돌아가게 된 것은 1990년대 초 한국화약의 소래 갯벌 매립공사 반대 투쟁 후였다. 한동안 물양장 좌

소래 수협 공판장에서 경매가 진행 중이다.

소래 어촌계에서 홍보용으로 제작한 봉투

판 점유권을 두고 선주들과 상인들 간에 다툼이 있었다. 관광객이 늘어나고 시장의 이권이 커지면서 생긴 일이었다. 결국 싸움은 법정까지 갔고 상인들의 권리도 인정됐다. 그 일을 계기로 상인번영회가 생겼다. 이후 소래포구 상인회, 젓갈 상인회 등이 생기면서 소래포구에는 어민과 상인 조직의 분화가 촉발됐다. 차츰 도로변의 횟집들도 '구도로 상가 번영회', '신도로 상가 번영회' 등으로 조직화되었다.

새우, 꽃게, 주꾸미 등으로 소래산 체면 유지

물양장은 1987년에 한 차례 보강 축조되었지만 1996년 주변 정비 사업이 시작되기 전까지는 지붕이 없는 노천 시장이었다. 어한기에는 그물을 쌓아 두는 야적장으로 이용되곤 했다. 주변 정비 사업으로 시장의 지붕이 생기고 준공식이 이루어진 것은 1997년 1월 29일이었다. 소래포구가 활성화되기 시작한 초기에는 소래 배들이 당일 조업해온 수산물을 직거래했다. 당일 잡아온 물건을 직판한다는 소문은 포구로 관광객들을 더 많이 유인하는 데 효과적이었다. 하지만 소래포구 물양장의 매출액이 이미 소래 어촌계의 어획고를 넘어선 지 오래다. 이제 소래포구는 더 이상 선주들이 아니라 시장 상인들에 의해 좌우된다 해도 과언이 아니다. 상인들은 밀려드는 손님들을 놓치지 않기 위해 공급이 불안정한 선주들의 배에만 기대지 않고 안정적인 거래처를 확보해 두고 장사한다. 그래서 소래포구 어물전의 수산물들 대부분은 외부에서 유입된 것이다. 취재 중 만난 선주들의 상인들에 대한 불만도 그것이었다. 꽃게나 새우, 주꾸미처럼 소래에서 많이 나는 수산물은 상인들도 선주들로부터 매입하여 판매하지만 광어나 우럭, 도미 같은 어류들은 공급이 안정적인 양식산을 선호한다. 물론 2008년 봄처럼 광어가 풍년일 때는 좌판에도 자연산이 올라온다. 그러나 자연산이 사철 나는 것이 아니기 때문에 물양장의 수족관은 대체로 양식산으로 채워진다. 소래포구 자연산 수산물이 제값을 받고 직판될 수 있는 새로운 시스템이 요구되는 시점인 듯하다.

총각은 새우를 먹지 말라

새우 한 마리가 일 년에 알 180만 개 낳아

찬바람이 불기 시작하자 소래포구 생새우 값이 두 배로 훌쩍 뛰었다. 해마다 반복되는 현상이다. 김장철이 가까워질수록 생새우 값은 치솟는다. 싼값에 생새우를 사려고 왔던 관광객들 일부는 입맛을 다시며 발길을 돌린다. 몰리는 인파에 비례해 가격은 등락을 거듭한다. 지난 일요일에는 한 말(3kg)에 100,000원까지 치솟았다 한다. 10월 중순만 해도 한 말에 15,000원씩 하던 생새우가 11월 들어서는 평균 40,000원선이다.

새우는 화석이 고생대 데본기 때부터 나타날 정도로 오래된 생물이다. 전 세계 바다에 2,500여 종이 살고 있으며 한국의 바다에는 100여 종이 서식한다. 보리새우류, 생이류, 가재류가 모두 새우라 부르는 것들이다. 젓새우는 보리새우류에 속하는데 보리새우, 대하, 중하, 꽃새

젓새우들도 종류가 다양하다.

우 등이 이 부류다. 생이류에는 도화새우, 자주새우가 있고 가재류에는 닭새우, 가시발새우 등이 있다. 바다 새우는 해하(海鰕), 민물 새우는 이하(泥鰕)라 했다. 일본에서는 허리가 굽은 생김새 때문에 해로(海老)라 부르기도 한다.

새우는 번식력이 탁월하다. 암컷은 한 번에 보통 60만 개 이상의 알을 낳고 1년에 3번까지 번식한다. 새우 한 마리가 일 년에 180만 개의 알을 낳는 것이다. 생존율은 1.9% 이하지만 알의 수가 엄청난 까닭에 새우류가 그토록 번식한다.

"혼자서 여행하는 사람은 새우를 먹지 말라"

한국에서 젓새우가 가장 많이 나는 곳은 임자도와 낙월도 등 신안의 바다다. 이 지역에서 전국 젓새우의 60% 이상이 산출된다. 중국산이 아닌 국산의 경우 소래나 광천토굴젓 등 이름난 새우젓들도 대부분 여기서 난 젓새우를 사용한다. 대부분의 젓새우는 배에서 잡는 즉시 소금에 절여진다. 새우 양의 15~40%에 해당하는 소금에 절여진 새우는 대개 유명한 새우젓 산지로 가서 숙성 과정을 거친 뒤 시장에 나온다. 더운 한여름에 잡히는 육젓은 김장철까지 오래 보관해야 하기 때문에 소금을 많이 넣지만 가을에 잡히는 추젓은 소금의 비율을 낮게 잡는다. 보통 굴이나 창고 등의 서늘한 곳에서 2~3개월 정도 발효시키면 새우젓이 탄생한다.

임자도 전장포, 소래포구, 강경, 광천, 마포 등이 옛날부터 새우젓 시장으로 유명했다. 젓새우는 잡히는 시기에 따라 이름도 다양하다. 음력 3~4월의 새우는 춘젓, 5월에 잡히는 것은 오젓 혹은 오사리젓이라고도 한다. 산란기인 6월에 잡히는 육젓이 최상품이다. 다른 새우보다 살이 통통해 값은 비싸지만 김장용으로 선호된다. 7~8월은 자젓, 9~10월은 추젓. 추젓은 주로 요리에 사용된다. 1~2월 한겨울의 새우는 동백하젓. 2~3월 깊은 바다에서 잡히는 가장 작은 새우로는 곤쟁이젓을 담근다. 그 밖에도 자하젓, 차젓, 풋젓, 동젓, 되떼기젓 등 새우젓의 수는 많기도 하다. 민물 새우로 만든 것은 토하젓이다. 새우알젓은 옛날에 궁중의 진상품으로 올라가기도 했다.

새우젓과 멸치젓은 한국인이 가장 많이 먹는 젓갈이다. 서울, 경기, 충청 지방에서는 김치를 담글 때 새우젓을 주로 쓰고 남도에서는 멸치젓을 쓴다. 남도에서는 새우젓을 김치에 넣기보다 주로 반찬으로 내놓는다. 새우가 들어간 김치에 감칠맛이 도는 것은 새우가 단백질과 아미노산, 칼슘, 비타민 등의 함량을 증가시키기 때문이다. 또 여러 지방에서 돼지고기는 꼭 새우젓에 찍어먹는 전통이 있다. 이는 소화를 돕기 위해서다. 새우젓에는 지방 분해 효소인 리파아제가 함유되어 있으며 젓갈이 발효되는 동안 단백질 분해 효소인 프로테아제도 다량 생성된다. 그 성분들이 돼지고기의 주성분인 단백질과 지방의 소화를 돕는다. 그 때문이었을까. 지혜로운 옛사람들은 돼지고기나 떫은 감을 먹고 체했을 때도 새우젓을 먹었다.

새우는 흔히 강장 식품으로 알려져 있다. 그래서 "혼자서 여행하는 사람은 새우를 먹지 말라"거나 "총각은 새우를 먹지 말라"는 등의 식담이 생겨났다. 새우의 영양분은 머리에 가장 많다. 가재 등 다른 갑각류와 달리 새우만이 머리에 알을 싣는다. 새우의 뇌와 정소, 간장 등에는 단백질이 풍부하다. 그래서 "머리가 붙어 있지 않은 새우는 먹지 말라"는 식담도 생겼을 것이다. 음식은 성질이나 영양이 한쪽으로 치우치지 않은 평성음식이 몸에 이롭다. 음식 궁합을 중요시한 것은 그 때문이다. 산성이 강한 새우는 아욱 등의 알칼리성 채소와 함께 먹는 것이 궁합에 맞는다. 성질이 찬 음식인 보리밥에 더운 성질의 풋고추를 함께 먹는 것도 그런 이치다.

새우젓만큼이나 생새우도 많이 팔리는 소래포구

저물녘 소래포구, 사위는 이미 어둠에 잠기기 시작했다. 소래포구 어선들의 주요 어장은 덕적도 인근과 자월도 부근의 초치도 바다. 뒤늦게 새우배 한 척이 어장에서 포구로 들어온다. 제3평안호. 선원들은 젓새우가 담긴 노란 플라스틱 박스들을 하역한다.

덕적도 근해에서 잡은 새우들을 싣고 들어온 운반선 평안호

대기 중이던 인부들이 손수레에 옮겨 싣고 위판장으로 옮긴다. "신창호 것 주시오." "신홍호 것 주시오." 위탁받은 어선의 새우를 찾는 인부들의 호명 소리가 이어진다. 평안호는 운반선이다. 뱃전에 그물이 없으니 어선이 아님을 눈치챌 수 있다. 운반선은 한번 출어하면 보름씩 들어오지 않고 붙박이로 조업하는 닻자망 어선들이 잡은 새우를 대신 운반해 준다. 보통 어획량의 1할 정도가 운반선의 몫이다. 비좁은 통로를 오가며 인부들은 연신 소리를 질러 댄다. "비켜요, 비켜."

개량 안강망 어선들은 당일 조업이다. 물살이 약할 때 긴 자루그물을 설치했다가 조류에 밀려 새우가 들면 거둬들인다. 안강망 어선들은 작업 후 그날 소래포구로 귀항한다. 하지만 들물과 썰물, 하루 네 번씩이나 그물을 털어야 하는 닻자망(주머니얽애그물) 어선은 소래포구로 귀항할 틈이 없어서 붙박이로 조업한다. 닻자망은 자루그물이 아닌 직망이다. 안강망처럼 함정에 든 것을 거두는 것이 아니라 배구 네트 같은 사각 그물을 펼쳐 두고 물살에 밀려오는 새우떼를 잡아 올린다.

소래의 젓새우들은 젓갈용으로도 팔리지만 김장철이면 부둣가에서 생새우로 팔리는 양이 더 많다. 상인들이 소비자에게 생새우를 파는 단위는 말, 반 말, 1kg, 한 근 등 다양하다. 한 말은 상인들이 임의로 만든 단위다. 작은 플라스틱 통을 한 말로 친다. 통의 크기는 해마다 줄어들었다. 곡식을 담는 됫박이 대두에서 소두로 줄어든 것과 같다. 과거에는 5kg이었지만 요즘 소래에서는 3kg을 한 말로 친다. 한 근은 400g. 소비자들은 필요에 따라 근으로 사기도 하고 kg이나 말로 사기도 한다.

소래포구의 주인공이 어부들에서 상인으로 바뀐 지 오래다.

　김장철이면 사람들은 때깔이 좋은 흰새우나 육젓새우를 찾지만 "김치 담그는 데 비싼 새우 넣을 필요 없다. 젓갈을 담는 것이 아니라면 비싼 오젓, 육젓 새우 사다 넣을 필요 없다"고 소래포구에서 수십 년 새우젓배를 부린 선주는 조언한다. 가을에는 육젓 새우보다 빨간 새우나 잡젓 새우가 살이 더 많고 맛이 있기 때문이란다.

목숨 걸고
새우를 잡던 시절

새로 배 짓고 일주일 만에 비용 다 뽑아

옛 소래역에서 포구로 들어가는 입구에는 건어물 상점이 몇 곳 있다. 그중 한 집인 결성건어물 장영수 사장은 소래포구 산증인 중 한 사람이다. 그는 황해도 옹진에서 온 피난민이다. 월남전에 참전했다가 돌아온 1969년부터 소래에서 배를 탔다. 장 사장은 아버지의 작은 목선을 물려받았다. 지금은 육지가 된 오이도 앞바다에 나가 새우와 꽃게, 농어, 숭어, 망둥어, 주꾸미 등을 잡았다. 강 사장은 소래포구에서 최초로 기계배를 직접 건조한 세 명 중 한 사람이다. 1970년대 초였다. 장순호, 임사열 씨가 그와 함께 배를 건조했다. 그때도 동력선이 몇 척 있었지만 외부에서 들여온 배들이었다.

목재는 일본에서 수입된 삼나무를 세 사람이 공동으로 사 왔고 한 척당 배 목수 2명씩이 붙어서 한 달 만에 배를 지었다. 엔진도 국산을 썼다. 장 사장의 배는 3.19톤, 다른 두 사람의 배는 5톤짜리였다. 장 사장은 결성 장씨인 자신의 본을 따 배 이름을 결성호라 붙였다. 장 사장이 새로 건조한 결성호로 시작한 조업의 결과는 대박이었다. 쌀 한 가마니 6,000원 하던 시절 배를 새로 짓는 데 146만 원이 들었었다. 그런데 그 비용을 일주일 만에 다 뽑았다. 송도 앞바다에 숭어 그물을 쳤더니 일주일 동안 매일같이 만선이었다. 하루에 보통 열서너 박스씩 건져 올렸다. 날이 추워지면 숭어들은 월동을 위해 갯벌을 떠나 더 깊은 바다로 이동을 시작한다. 그때는 바다에 막 살얼음이 끼기 시작한 12월 24~25일 무렵이었다.

"갯고랑에 살얼음 질 때 숭어는 반쯤 동면 상태로 떠내려가요. 거기에 그물을 뒤집어씌웠으니, 그저 쓸어 담은 셈이었지."

그 무렵부터 소래포구의 어선들도 규모가 커지고 노를 젓던 전마선들도 동력선으로 대체되기 시작했다. 오이도 앞바다 정도까지만 가던 배들이 차츰 팔미도, 초치도, 덕적도, 문갑도, 선갑도, 굴업도, 연평도까지 어장을 넓혀 나갔다. 당시 45마력의 배로 덕적도까지 5시간이 걸렸다. 850마력 엔진을 단 지금 배들은 2시간이면 충분하다. 소래포구가 번성하면서 장 사장의 배도 세 척으로 늘어났다. "그물 걷느라 손톱도 갈라지고 허리 병신이 됐어요."

과거 소래포구의 새우잡이는 보통 3월부터 시작됐다. 3~4월은 멸치 등이 섞인 잡젓 새우가 잡혔다. 5월부터 껍질이 두껍고 붉은 띠가 있는 '되떼기' 새우가 들었다. 되떼기 새우는 장마가 끝나고 7~8월에 더욱 많이 잡혔다. 가을에는 추젓, 11월 찬바람이 불면 김장용 동백하가 잡

소래포구의 산증인 장영수 사장의 건어물 가게

했다. 소래포구의 배들도 오젓은 잡았지만 살이 통통하고 맛이 가장 뛰어난 육젓은 거의 잡지 못했다. 육젓은 주로 신안 앞바다에서 잡혔다.

새우잡이 그물은 낭장망을 썼다. 그물이 긴 주머니처럼 생겼다 해서 낭장망이다. 보통 물발이 세지는 세물 때부터 새우가 들기 시작한다. 그 후 일주일 남짓 새우가 많이 나고 다시 잡히는 양이 점차 줄어든다. 새우가 나지 않는 조금 물때에는 어장 주변의 섬에 들어가 그물 손질을 했다. 그물이 보름 남짓 바닷속에 잠겨 있으면 파래 등의 해초가 자라서 그물코를 막는다. 그래서 그물을 햇볕에 말린 뒤 해초를 털어내고 찢어진 곳은 보수해야 했다. 실제 어로는 한 달에 보름 정도. 많이 잡힐 때는 당일 소래포구로 귀항했지만 양이 적을 때는 포구로 돌아오지 않았다. 기름 값을 아끼기 위해서였다. 그때 잡히는 새우는 배에서 조업을 마친 새우잡이 배가 소래포구로 귀항하고 있다.

바로 젓갈을 담갔다. 잡은 새우를 한 배에 30드럼씩 싣고 항해를 하면 갑판이 수면에 잠길 정도로 찰랑찰랑 위태로웠다.

낭장망 그물은 바닷속에 떨어뜨린 닻에 고정시켰다. 지금은 닻 하나의 무게가 800kg이나 되는 쇠 닻을 쓰지만 1970년대 초까지만 해도 참나무로 닻을 만들었다. 하지만 참나무 닻은 '소'라는 벌레가 갉아먹어 오래 쓰지 못하는 단점이 있었다. 어로용 닻과 달리 배를 정박시키는 닻은 행닻이라는 이름으로 불렀다.

총알을 피해 가며 새우를 잡고

산란철에도 금어기가 없던 때, 장영수 사장은 어느 해 8월 15일쯤 안산의 육도 근해에서 새우를 잡았다. 새우잡이를 마치고 귀항하던 장 사장은 총에 맞을 뻔했다. 영흥도에 해군 검문소가 있었다. 물건이 적을 때는 문제가 없지만 물건이 많을 때는 촌각을 다투며 소래포구로 실어 가야 했다. 장 사장은 배에서 바로 젓을 담그지 않고 생물로 운반했다. 그러니 무더운 여름이라 쉽게 상할 수 있었다. 검문에 불응하고 그냥 가려는데 검문소를 지키던 군인 하나가 실탄사격을 했다. 운이 나빴다면 총에 맞았을 것이다. 목숨 걸고 새우잡이를 하던 시절 이야기다.

아산만 방조제가 들어서기 전, 육도 앞바다는 물살이 세기로 유명했다. 물발 센 곳에는 고기가 많지만 그물을 유실할 위험 또한 커서 아무도 섣불리 그물을 치려 하지 않았다. 어느 해 장 사장은 60관짜리 닻을 던지고 그물을 14개나 다는 모험을 감행했다. 다들 "망하려고 작정했다"며 걱정했지만 모험은 성공적이었다. 민어와 농어 등을 하루 50~60kg씩 잡았다. 어떤 날은 80kg도 넘게 잡았다. 그러자 다른 어선들도 달려들었다. 그때 멋모르고 30관짜리 닻을 넣은 사람들은 다 망했다. 어찌나 물살이 센지 닻이 떠내려가 버렸다. 그렇게 점차 큰 닻이 필요해지니 덩달아 배들도 커졌다. 3~4톤짜리 배들이 5~6톤급으로 커졌고 어장이 멀어지면서 배의 속도도 빨라져 갔다.

그러나 돈이 벌리는 족족 배를 키우고 어구를 준비하는 데 다 들어갔다. 어구는 2~3년쯤 쓰면 상해서 보수해도 더 이상 사용할 수 없게 된다. 그물도 찢어지고 그물을 닻에 연결하는 와이어 줄도 닳고 녹이 난다. 엔진도 바꾸고 보링도 바꿔 주어야 한다. 그래서 고기 잡아 번 돈으로 사업을 키우다 망한 사람도 적지 않다. 장영수 사장도 "배에서 돈 버는 거 반갑지 않다"고 한다.

이주민이 만든 소래포구

소래포구 주민들 중 누대를 살아온 토박이는 거의 없다. 대부분이 이주민이다. 6·25 이후 황해도, 함경도, 평안도 피난민들이 정착하기 시작했고 1970년대 인천항에 소형 선박 출입이 통제되면서 인천의 선주들도 대량 유입됐다. 소래포구가 유명세를 타면서 전라도, 충청도, 제주도 사람들까지 들어와 정착했다. 선원으로 들어와 선주가 된 사람도 많았다. 남편이 배를 탈 때 선원의 아내는 수산물

소래포구 뱃머리에서는 김장철이면 갓 잡아 온 생새우를 판다.

장사를 했고, 그렇게 모은 돈으로 낡은 배를 사고 엔진을 바꿔 달고 마침내 새 배를 지었다. 선원은 선원으로만 남는 다른 지역과는 달리 선원이 선주가 될 수 있던 곳이 소래포구였다. 선원 혼자 배를 타러 온 것이 아니라 선원들의 가족 단위 이주가 많았기 때문에 가능한 일이었다. 거기다 소래에는 다른 포구들과는 달리 색주가가 없었다. 한두 집 생기기도 했지만 선주 부인들이 가만 놔두지 않았다. 선원들이 색시들과 어울려 밤새 술을 마시면 다음 날 출어를 못 하기 때문이었다. 당연히 선원들도 돈을 탕진하지 않고 착실히 모을 수 있었고 그것이 선주로 도약할 수 있는 발판이 됐다.

새 배를 건조하는 데 현금이 부족할 경우에는 소래 버스 정류장 부근에 살던 원주민들에게 돈을 빌렸다. 원주민들 대부분은 농업에 종사했다. 지금이야 처지가 바뀌었지만 당시에는 농사를 짓는 사람들이 부자였다. 같은 소래에 살아도 뱃일하는 사람들을 천시했다. 포구 사람들을 '다릿간 사람들'이라 부르며 무시했다. 장영수 사장도 결성 2호를 건조하면서 5부 이자를 주고 800만 원을 빌려 썼다. 더러 배를 지으며 빌린 돈을 못 갚고 야반도주하는 사람들도 있었다.

소래포구에서만 20년 넘게 낭장망 그물로 새우와 꽃게잡이 배를 운영해온 바다호(7.93톤) 선주 김기환 씨는 "뱃일은 투기"라고 말한다. 그만큼 운에 좌우된다는 뜻이다. 서울이 고향인 그는 소래에 오기 전에는 목장을 했다. 황해도 출신의 어머니와 오촌 당숙이 소래에서 배를 부리던 것을 물려받았다. 그는 덕적도 부근 선미도 해상 153해구부터 연평도 근해 사이를 오가며 그물을 놓았다. 그가 처음 조업을 시작한 1980년대 중반만 해도 덕적도 북리를 중간 근거지로 조업했었다. 꽃게나 새우가 많이 잡히면 당일로 소래까지 운반해 갔지만 잡히는 양이 적을 때는 북리에서 자면서 그물 작업을 했다. 지금은 배의 속도가 빨라져 대부분 당일로 소래에 들어온다. 1984~1986년 무렵에는 강달이를 잡으러 신안의 재원도나 영광 앞바다까지 내려가기도 했다.

11대 소래 어촌계장을 지낸 김남석 씨는 덕적도 서포리 출신이다.

그는 28세 때인 1978년에 소래로 왔다. 처음에는 선원으로 일했다. 당시에는 잡아 온 고기들을 협궤열차에 싣고 인천 시내의 석바위까지 직접 팔러 다녔다. 그는 1986년에 어민 후계자로 선정되면서 국가의 지원을 받았다. 그때까지 저축한 돈과 정부 지원금을 합해 자신의 배를 짓고 선주 대열에 합류했다.

오염과 개발로 멸종돼 가는 어류들

바다 오염과 간척으로 갯벌이 사라지면서 함께 사라져버린 새우와 조개들도 많다. 예전에는 푸른빛이 도는 '봉디새우'도 많이 잡혔다. 중하 정도 크기의 봉디새우는 중국 음식점 등에서 많이 썼다. 봉디새우를 삶아서 말린 뒤 양파 망 같은 데 넣고 방망이로 두드리면 껍데기는 벗겨지고 알맹이만 남았다. 그 달고 고소한 새우는 인천공항이 들어선 뒤 인천 앞바다에서는 더 이상 잡히지 않게 됐다. 소래 갯벌에는 또 재첩보다 조금 큰 싸죽조개가 쫙 깔려 있었다. 칼국수라도 해먹고 싶으면 갯벌에 나가 그냥 주워다 끓여먹으면 시원한 맛이 최고였지만 이제 싸죽조개도 멸종되고 없다.

만수동, 간석동, 신천리 등에서 내려오는 오폐수와 한국화약에서 나온 독극물로 소래 갯벌은 서서히 죽어 갔고 갯벌의 생물들도 멸종돼 갔다. 한국화약에서 몰래 농약을 방류해 망둥어와 전어들 시체가 갯벌을 뒤덮은 적도 있었다. 장마가 끝나면 덕적도 앞바다까지 쓰레기장으로 변했다. 냉장고, TV, 돼지, 호박, 맥주, 콜라 등 온갖 것이 다 떠다

넜다. 쓰레기를 밟고 다녀도 될 정도로 바다는 온통 쓰레기 밭이었다. 그물에는 물고기 대신 쓰레기만 들었다. 그물에 걸린 캔 맥주를 건져 마시기도 할 정도였다. 📖

소래가
다 뻘바탕이라
길바닥이 모두
뻘거덕 뻘거덕 했지

아파트 단지 건축으로 소래포구 정취 사라질 위기

소래포구 일대는 본래 물 사정이 나빴다. 땅을 파면 짠물이 나왔다. 그래서 어부들은 조업이 끝나면 리어카를 끌고 원주민들이 사는 윗마을의 샘으로 물을 실으러 가는 것이 중요한 일과였다. 하지만 불과 3~4년 사이에 200~300명의 인구가 늘고 포구를 찾는 관광객들이 급증하면서 우물이 마르기 시작했다. 윗마을에서는 우물에 자물쇠를 채워 버렸다. 그 와중에 물장사까지 등장했다. 백 씨라는 사람은 자비로 대공을 파서 물 한 드럼에 천 원씩 팔기도 했다. 1987년에야 비로소 소래에 수도가 들어왔다.

평북 출신의 강순오 옹은 한국전쟁 참전 군인이다. 군에서 6년 7개월을 복무한 후 인천에 와서 안강망 배 선원 생활을 했다. 그러다 소래로 온 것이 1963년경이니 벌써 45년 전이다. 그가 오던 해에 어촌계가

선원들이 잡아 온 생선을 분류하고 있다.

생겼다. 지금 어시장이 들어선 포구 주변에는 집이 4채밖에 없었다. 어선은 20여 척. 소래역 부근 원주민들과 세를 살던 사람들의 배였다. 배들은 모두 풍선과 뗏마(전마선)뿐이었다. 동력선이 생긴 것은 2~3년쯤 뒤였다. 그도 인천에서 가져온 '명복호'라는 뗏마로 조업을 했다. 주 어장은 오이도 부근 바다. 거기만 해도 고기가 넘쳐서 멀리 갈 필요가 없었다. 처음부터 꽃게와 새우를 잡았다. 고깃배가 들어오면 부근 농촌 마을에서 사러 왔다. 농민들은 곡식과 야채를 가져와서 갯것과 바꾸어 갔다. 그래도 남는 고기들은 말렸다가 팔았다. 너무 많은 양이 잡힐 때는 버리기도 했다. 세월이 흐르면서 그의 배도 9.6톤짜리 안강망 어선으로 커졌다. 불과 4년 전까지도 그는 직접 배를 탈 정도로 건강했다. 지금은 은퇴하고 아들에게 물려줬다.

광성횟집 이원섭 사장은 황해도 장연군 해안면 순계리 출신이다. 장산곶이나 몽금포가 지척이었다. 그도 1·4후퇴 때 남으로 내려왔다. 처음에는 가까운 초도로 피난을 갔다가 더 먼 백령도까지 건너가 살았다. 휴전이 되자 피난민들은 목포로 옮겨졌다. 한동안 유달초등학교에 수용되어 있던 피난민들은 원하는 곳을 찾아 전국으로 흩어졌다. 어떤 이는 부산으로 가고 또 누구는 군산으로 갔다. 그는 진도 지산면으로 들어가 3년을 살았다. 그러다 다시 대청도 모래미마을로 이주했다. 고향을 잊을 수 없었다. 통일이 되면 한시라도 빨리 고향으로 가기 위해 북녘 땅 가까운 대청도에 자리 잡은 것이다. 그의 아버지는 그곳에서 까나리 어장을 했다. 통일에 대한 희망이 요원해지자 2년 후 인천으로 건너왔다. 잠깐 만석동 피난민 수용소에서 생활하다 송월동에 정착했다. 그 무렵 이 사장의 아버지는 황해도 고향 사람을 연줄로 소래에 들어가 살고 있었다. 그는 직장을 다니며 사업도 벌여 보았으나 여의치 않자 1970년 무렵 아버지를 찾아 소래에 왔다. 아버지로부터 광성호라는 작은 발동선을 물려받았다. 몇 해 후 그는 인천의 조선소에서 대동기계의 디젤 엔진을 장착한 4.03톤짜리 목선을 새로 건조했다.

 그가 이주했을 때는 소래포구에는 30가구 남짓 살고 있었다. 석탄을 때는 협궤열차가 연기를 뿜으며 마을 앞으로 지나다녔다. 포구는 황해도, 평안도 사람 등 피난 나온 이북 사람들의 새로운 터전이었다. 지금 뱃머리횟집이 있는 자리가 그때는 선창머리였다. 그곳으로 어선들이 드나들고 그 자리에서 갓 잡아 온 생선을 거래했다. 또 농민들과는 곡물로 현물 교환을 하기도 했다. 이 사장은 새로 지은 광성호로 11년간 조업을 했다. 그러다 배를 팔고 다시 인천 백석동으로 나갔다. 거기서 양돈업에 손을 댔지만 실패하고 결국 소래로 돌아왔다. 그때가 1980년이었다. 지금의 자리에서 횟집을 시작했다. 그 사이 건물도 새로 짓고 3번 정도 개축을 해서 오늘에 이르렀다. 하지만 그가 운영하는 광성횟집도 곧 헐리게 된다. 소래포구 해안가에 대형 아파트 단지가 들어서면서 그의 집터에 도로가 날 예정이다. 보상이야 받았지만 그래도 아쉬움이 크다. 어시장 옆으로 큰 도로가 나게 되면 소래포구가 어촌의 정취를 잃게 될 것이기 때문이다. 어촌의 모습이 살아 있고 어선들이 드나드니 사람들이 소래로 오지, 그런 것들이 사라진다면 굳이 누가 소래까지 올지 우려스럽다. 그는 개발만이 능사가 아니라고 생각한다.

소래포구 물양장이 곰삭아 가는 새우젓 통으로 가득하다.

"소래 앞바다에 물고기가 버글버글했었어"

포구로 들어가는 입구, 도로변에 천막을 치고 바지락이랑 굴을 까는 사람들이 있다. 노부부와 딸은 상점에서 주문을 받아 작업한다. 어패류는 소래 갯벌에서 나는 것이 없다. 굴은 남쪽에서 올라오고 바지락은 영흥도 쪽 섬들에서 온다. 조부영 옹의 가족도 피난민이었다. 전쟁 전 조 옹은 황해도 옹진의 '무도'란 섬에 살았다. 18세 때부터 고깃배를 탔다. 그의 고향이 연평도 바로 근처였으니 조기잡이에도 이력이 났다. 25세에 가족을 이끌고 피난을 나와 처음에는 덕적도에서 남의 배를 타며 18년을 살았다. 그의 가족도 통일이 되면 고향으로 돌아갈 꿈을 꾸며 고향 가까운 덕적도에 자리 잡았던 것이다. 하지만 통일은 점점 멀어져 보였다. 그래서 1960년대 말 소래로 이주했다. 소래에서만 25년 남짓 배를 부리고 살았다.

"피난민들이 여기 와서 오두막을 짓고 살았어. 이 동네가 다 뻘바탕이라 길바닥이 모두 뻘거덕 뻘거덕 했지."

장명식 씨가 어촌계장을 하고 결성건어물 장영수 사장이 서기를 할 때 비로소 포구에서 소래역 사거리까지 신작로가 났다. 신작로가 깔리자 포구까지 '구루마'도 다니기 편해졌다. 잡아온 생선은 대부분 곡식과 바꿔 먹었다. "바다에 쫓아다니며 그냥그냥 사느라고" 세월이 어찌 가는 줄도 몰랐다. 포구에는 처음 피난민들이 정착했고 후에는 "전라도서 객지 나와 돌아댕기던 애들이 여 와 살아 보니 밥은 먹을 것 같거든. 그래 연줄 연줄로 해서 올라오고" 그렇게 포구에 정착민들이 늘어났다.

"그때는 팔아먹는 것도 몰랐어. 이고 다니면서 곡식하고 바꾸고. 가을 김장 때는 인천에서들 새우젓 사러 오고. 피난 와서 해먹을 건 없고 고기 잡아서 곡식하고 바꿔 유지하고 살았어. 말도 못 하게 고생했어. 죽지 않으니 사는 거여. 그때 산 사람들은 불쌍했어. 우리네들이 와서 오륙 년 있으니 사람들이 오기 시작하고, 돈으로도 팔고."

당시에는 소래포구 바로 앞바다에만 가도 물고기들이 버글버글했었다.

"이 앞에만 나가도 고기가 많았어. 민애, 농애, 광애, 아주 좋은 반찬 잡아 와도 시세가 없었어. 시방은 민애 같은 것 볼래도 볼 수가 없어."

바지락 까는 〈서해안 갯가 노래〉 기능 보유자

사람들은 젊어서 소래로 와 다들 소래에서 늙었다. 그 사이 낡은 건물은 철거되고 주변에 신도시가 생겼다. 조옹도 새우와 꽃게를 주로 잡았었다. 그 시절에는 봉디새우와 대하도 많이 잡혔다. 그물 한 틀에서 봉디새우를 40박스까지 잡은 적도 있었다.

"봉디새우가 하도 많이 들어 처음에는 해파리 때문에 그물이 처진 게 아닐까 했다니까. 배가 차락차락 했었어. 그때는 고기는 많은데 시세가 없어서 돈벌이는 많이 못 했어. 웬만하면 버리곤 했으니까." 그

〈서해안 갯가 노래〉 기능 보유자 조부영 옹 부부. 바지락과 굴 등을 까서 생활한다.

3부 저무는 소래포구에 새우젓 배 들어오면

때는 다들 버리는 것이 절반이었다. 그 정도로 물고기가 넘쳤고 그래서 아무 생각 없이 마구 잡아들였다.

〈서해안 갯가 노래〉 기능 보유자이기도 한 조 옹은 예순에 뱃일을 그만둔 뒤 여기저기 불려 다니며 공연을 하고 살았다. 연평 바다에서 고기잡이하며 배웠던 노래가 세월이 흐르면서 문화재가 된 것이다. 〈노 젓는 소리〉, 〈쟁기 소리〉, 〈고기 퍼 싣는 소리〉 등의 노동요. 힘든 노동을 이기고 기운을 북돋기 위한 노래들이었다. "시방은 힘이 들어서 못하고 제자들이 다 하고 제자들이나 가르치고" 산다. 그가 배를 부릴 때는 아내도 같이 배를 탔다. 한창 뱃노래 공연을 다닐 때 아내는 어시장에서 바지락 장사를 했다. "그때는 여기 뻘에도 같이 올라 배에도 대녔고, 할마이 고생 많이 했어요. 늙어서 잘해 줘야 할 텐디 잘할 힘도 없고."

조 옹은 팔순의 아내가 여전히 바지락을 까고 굴을 깨는 노동에서 벗어나지 못하는 것이 안타깝다. 자신이 공연하고 돌아다니느라 한창 포구가 클 때 장사에 집중하지 못했던 것이 후회스럽기도 하다. 그때 돈을 벌어 놓지 못해 늙어서까지 아내를 고생시키는 것이 미안한지 눈가가 먹먹해진다. 📝

월동을 대비해
살이 오른
가을 꽃게도
일품

또 하나의 소래 명물, 꽃게

　　　　　　새우나 주꾸미와 함께 소래를 포구답게 하는 대표 어족은 꽃게다. 인천이나 수도권 인근 사람들은 싱싱하고 값싼 꽃게를 사러 소래포구를 찾는다. 꽃게는 알배기 봄 꽃게를 일미로 치지만 산란을 끝내고 월동을 대비해 살을 찌우기 시작한 가을 꽃게도 일품이다. 덕적도 인근 어장에서 조업을 마친 꽃게배가 들어오는 시간이면 소래포구는 발 디딜 틈 없이 북적인다.

　수심 20~40m의 바닷속에 사는 꽃게는 야행성이다. 밤이 되면 활동을 시작해 조개나 가재, 새우 등을 잡아먹고 산다. 15도 이상 되는 바닷속에서 산란한다. 10도 이하로 떨어지면 동면에 든다. 그래서 과거에는 꽃게를 동면시켜 일본으로 수출하기도 했다. 오랫동안 덕적도 인근은 최대의 꽃게 어장이었다. 지금도 소래의 어선들은 덕적도 근해로 꽃게잡이를 나간다. 1980년대 덕적도 도우 포구 앞바다는 꽃게잡이 선단의 전진기지였다. 어선들이 꽃게를 잡아오면 모선에서는 꽃게를 포장했다. 최상품 꽃게는 모두 일본으로 수출됐다. 산 꽃게를 수출하기 위해서는 꽃게를 '마취'시켜야 했다. 얼음물 탱크에 산 꽃게를 넣고 15~20분 정도 지나면 꽃게들의 몸이 마비되어 발을 웅크리고 몸이 굳어졌다. 기온이 떨어지면 겨울잠을 자는 꽃게의 성질을 이용한 마취법이었다. 톱밥을 깐 상자에 동면에 든 꽃게를 쌓고 다시 톱밥을 뿌리고 꽃게를 쌓았다. 상자는 테이프로 봉인했다. 포장된 꽃게를 인천으로 보내면 대기하고 있던 차량이 김포공항으로 실어 날랐다. 비행기를 통해 일본으로 운송된 꽃게는 포장을 뜯으면 다시 살아났다. 이동 중에 온도가 올라가 동면에서 깨어났던 것이다.

"산 꽃게보다 냉장 꽃게가 더 맛있어요"

옛날 양반가 중, 우암(尤庵) 송시열(宋時烈)이나 사계(沙溪) 김장생(金長生) 등의 가문에서는 꽃게를 먹지 않았다고 한다. 정도를 가지 않고 옆으로 걷는 걸음걸이나 속창자가 없는 게의 생리를 금기시한 때문이었다. 제사상에 올리지 않는 것도 같은 이유였다. 오늘날 그런 이유로 꽃게를 먹지 않는 사람은 더 이상 없다. 없어서 못 먹는다. 만만치 않은 가격 때문에 서민들은 쉽게 먹기 어려운 귀물. 하지만 꽃게 철, 소래포구에서는 아주 싼값에 황해 바다에서 방금 올라온 꽃게를 구입할 수 있다. 꽃게는 수족관에 들어가 있는 산 꽃게보다

가을에는 살이 오른 숫게를 더 쳐준다.

수족관에 오래 넣어 둔 산 꽃게보다 배에서 바로 냉장한 죽은 꽃게가 더 맛있다.

냉장 꽃게가 더 맛있다고 한다. 그물에서 떼어낸 꽃게를 배에서 바로 얼음에 재워 오기 때문이다. 물론 갓 잡아온 산 꽃게는 당연히 맛있다.
"죽은 게가 더 맛있어요. 산 게는 수족관에 들어가서 며칠씩 있으니 진이 다 빠져 버려요. 배에서 바로 얼음에 재 오는 것들이 물건이 좋아요."
소래 선주상인조합 정광철 회장의 말이다. 운반 과정에서 시달리고 수족관 속에 갇혀 있느라 진이 빠진 활어회보다 산지에서 바로 피를 빼고 냉장해서 유통되는 선어회가 더욱 신선하고 맛있는 것과 같은 이치다. 하지만 속을지 모른다는 불안감 때문에 사람들은 여전히 활어나

산 꽃게만을 선호한다.

　요즘은 꽃게를 찜이나 탕, 게장이나 무침으로 먹는 것이 전부다. 하지만 예전에는 무젓이나 게포(蟹脯), 법해(法蟹), 주해(酒蟹) 등 다양한 요리법이 있었다. 무젓은 생꽃게의 살과 알, 내장 등을 발라서 담근 젓인데 충청도 지방의 특산음식이었다. 게포는 꽃게 알을 말려 포로 만든 것이다. 옛날에도 오래 보관해두고 먹는 요리법은 간장게장을 담그는 것이었다. 『규합총서』나 『식경』 등에도 요리법이 자세히 전한다.

　검은빛이 도는 장을 항아리에 붓고 쇠고기 큰 조각 두엇을 넣어 흙으로 항아리 밑을 발라 숯불에 달인다. 이는 단내가 나지 않게 하기 위해서다. 거기에 신선한 게를 잘 씻어 물기가 마른 후 항아리에 넣고 달여 놓은 장을 붓는다. 그때 입을 다물고 있는 게는 독이 있으니 가려내고 그 속에 천초(川椒, 산초)를 씨 없이 하여 넣고 익힌다. 이 게장에 꿀을 약간 치면 맛이 더한다. 그리고 상하지 않고 오래 간다. 게와 꿀은 상극이니 많이 넣어서는 안 된다. 게장에 불이 비치면 장이 삭고 곯기 쉬우니 일체 등불을 멀리해야 한다.

　―『규합총서』 중에서

　꽃게 중에서도 최고의 맛은 6월의 암게다. 암게는 어두운 갈색이고 숫게는 초록빛을 띤 회색에 가까운 갈색이다. 하지만 꽃게는 삶으면 붉은빛으로 변한다. 아스타산틴(astaxanthin) 때문이다. 꽃게나 새우, 가재 등의 갑각류나 어패류는 적외선으로부터 몸을 지키기 위해 아스타산틴이라는 색소를 지니고 있다. 단백질과 결합한 아스타산틴 색소는 청록색을 띠지만 분리되면 붉은색으로 변한다. 보통 70도 이상이면 아스타산틴 색소와 단백질이 분리된다. 아스타산틴은 항산화 능력도 뛰어나다. 비타민 E보다 550~1,000배 이상 되는 항산화력을 가지고 있다. 그 때문에 건강 보조 식품이나 화장품에도 사용된다. 아스타산틴은 또 양식 어류의 색을 붉게 하기 위해 사료에 첨가되기도 한다.

바닷모래 채취로 산란장 줄어들어

봄부터 늦가을까지 꽃게 철은 길다. 깊은 바닷속에서 겨울을 난 꽃게는 3~4월이면 산란장을 찾아 낮은 바다로 이동하기 시작한다. 들물 때 주로 잡힌다. 이 무렵에는 숫게가 살이 많다. 산란 직전인 5~6월이면 꽃게는 아주 얕은 물까지 나온다. 이제 암게들도 장이 가득 차고 살도 푸지게 오른다. 꽃게는 수온에 민감해서 봄 바닷물이 따뜻하지 않으면 어획량이 눈에 띄게 줄어든다. 민물이 내려오는 육지나 섬 주위의 모래밭이 꽃게의 산란장이다. 뭍에서 흘러내려오는 영양이 풍부하기 때문이다.

산란철인 7월 15일~8월 31일 사이는 금어기다. 산란이 끝난 꽃게들은 8~9월이면 뱀이 허물을 벗듯이 두꺼운 껍질을 벗어던진다. 탈피(脫皮). 꽃게가 옷을 갈아입는 것은 몸이 크기 위해서다. 갑각류들은 모두가 탈피를 통해 성장한다. 허물을 벗은 꽃게는 몸이 훌쩍 자란다. 하지만 딱딱한 껍질을 벗었으나 아직 새 껍질이 야물지 않은 꽃게들은 흐물흐물 물렁하다. 그래서 이때 잡히는 '물렁게'는 제값을 받지 못한다. 시간이 지나면 꽃게는 다시 살이 오르고 껍질도 단단해진다.

산란을 끝내고 연안에서 영양분을 공급받은 꽃게들은 늦가을이면 다시 깊은 바다로 돌아갈 준비를 한다. 수면으로 뜨는 봄 꽃게와 달리 가을 꽃게가 가라앉으려는 성향이 있는 것은 그 때문이다. 살이 오른 꽃게는 11월 말이면 연안에서 자취를 감춘다. 월동을 위해 깊은 바닷속으로 숨어든 것이다. 더러 꽃게 풍년인 해도 있지만 황해 바다에서 꽃게는 점차 줄어드는 추세다. 계속되는 대량 포획과 바닷모래 채취로

소래포구를 포위하고 있는 아파트 단지

산란장이 사라지고 있기 때문이다. 사람들은 꽃게와 물고기들의 집을 헐어다 사람의 집을 짓는다. 바다 생태계의 파괴가 계속되는 한 언젠가는 소래포구에서도 꽃게를 만날 수 없을지 모른다. 아파트 벽 속에는 얼마나 많은 물고기 알들이 화석처럼 굳어져 있는 것일까. 오늘 소래포구를 포위한 저 대규모 아파트 단지는 사람의 집인 동시에 물고기들의 무덤이다.

대동굿은 사라지고 교회에서 출어 예배

축제 마당의 호객꾼이 된 슬픈 토착 신들

소래포구에도 오랫동안 풍어굿이 있었다. 하지만 과학기술의 발달은 소래포구에서 풍어굿을 사라지게 만들었다. 어군탐지기나 GPS, 레이더 등 첨단 장비의 등장으로 어부들은 더 이상 토착 신들에게 항해의 안전과 풍어를 기대지 않게 되었다. 과학기술의 위력 앞에서는 어업의 신인 임경업 장군이나 용왕도 기를 펼 수 없었다. 그래서 토착 신은 철저하게 외면당했다. 사람들은 더 이상 이들을 찾지 않을 것처럼 보였다. 하지만 어느 순간 다시 토착 신들이 화려하게 귀환했다. 신들을 부른 것은 풍랑의 위협이 아니었다. 관광산업. 섬이나 어촌으로 관광객들이 몰려오면서 토착 신들도 새롭게 부활하고 있다. 소래포구 축제에 풍어굿이 포함되면서 소래의 신들도 돌아왔다. 그러나 그들은 풍어굿의 제물을 받아먹는 신이지만 이제 더 이상 어업의 신이 아니다. 관광의 신이다. 풍랑을 잠재우거나 풍어의 능력을 상실한 신들. 축제 마당의 배우가 된 신들. 포구의 신들은 축제 때만 잠깐 관광객을 부르는 호객꾼으로 전락했다.

안음전 만신, 선주 집 며느리에서 무교의 사제로

오랜 세월 소래포구 풍어굿을 주관했던 사람은 안음전 만신이다. 팔순의 할머니 만신은 2004년까지 어민들의 안전을 기원하는 여러 굿거리를 주관했다. 무릎이 아파서 은퇴한 뒤에는 소래포구 초입 자신의 굿당에서 치성만 드리고 지낸다. 만신 또한 소래포구의 많은 이주민들처럼 피난민이다. 황해도 연백군에 살던 만신은 6·25가 터지던 날 아이들 손을 잡고 남으로 넘어왔다. 그때 고기잡이를 갔던 남편은 함께 오지 못했다. 다행히도 만신은 2년 후 인천에서 남편을 다시 만났다. 인천 용현동에 정착해 살던 만신은 굿이 아니라 소금 장사와 새우젓 장사로 돈을 모아 집을 샀다. 그 후 어떤 장님 부부가 살던 소래포구의 오두막집을 사서 이주했다. 지금의 굿당은 옛집을 헐고 새로 지은 것이다.

만신은 황해도 연백에서 시집살이를 하던 중 신내림을 받았다. 22세 때였다. 시집가 살면서 밤새도록 바느질을 하는 날이 많았다. 그러던 어느 날부턴가 머리가 하얀 할머니 한 분이 창밖에서 그이를 불렀다. "죽을 인간 살리러 가야 하니 따라오라" 했다. 한복에 비단 치마를 입은 할머니 신이었다. 새댁은 거부할 수 없는 힘에 이끌려 할머니를 따라 나섰다. 할머니가 어느 집을 지정하면 그 집 문을 두드렸다. 처음에는 창을 통통 두드려도 "게 누구여, 누가 장난치는 거여" 하며 내다보지도 않았다. 그래서 "여기 이러저러한 우환이 있지 않으냐?" 물으면 그때야 귀를 쫑긋 세웠다. 새댁은 얼굴은 보이지 않게 하고 집주인에게 "공수를 내릴 테니 받아 적으라" 했다. 주인에게 "적은 대로 시행하라"는 공수를 내려 주고는 집으로 돌아왔다. '공수'는 새댁의 입에서 나왔지만 그것은 새댁의 말이 아니었다. 할머니 신이 내려 준 '신탁'이었다. 매일 밤 그런 일들이 이어졌다. 그때마다 할머니가 앞장을 섰다.

얼굴을 드러내지 않은 것은 새댁의 집안이 유명한 선주 집안이라 시

소래포구 풍어굿의 역사, 안음전 만신

굿당은 임경업 장군신, 옥황상제님, 아미타 부처님 등 온갖 신을 모신 그야말로 만신들의 신전이다.

댁 식구에게 들키면 쫓겨날 것을 염려한 탓이었다. 그리고 여러 날이 지나면 어김없이 새댁이 신탁을 내려 준 집안의 우환이 풀렸다는 소식이 들려왔다. 원인 모를 병에 걸려 누워 있던 환자가 자리를 털고 일어난 일도 많았다. 돈 한 푼 안 받고 새댁은 신이 들려서 그렇게 무료 봉사를 하고 다녔다. 그러다 6·25를 만났고 석모도를 거쳐 대부도, 소야도, 용현동 등에 잠깐씩 정착해 살다가 결국 소래까지 온 것이다. 내림굿을 받기 전인데도 그이는 가는 곳마다 신탁을 받아 집안의 우환들을 풀어 주곤 했다.

끝내 새댁은 노량진의 우주옥 선생을 신어미로 모시고 내림굿을 한 뒤 만신이 됐다. 만신이 소래에 처음 왔을 때는 20여 호가 노를 젓는 뗏마를 가지고 고기잡이를 하고 살았다. 그때는 고기가 철철 넘쳤다. 만신네 가족도 뗏마를 하나 지어서 고기잡이로 생계를 이었다. 새우와 숭어, 전어, 까나리 등을 잡으면 문학동을 비롯한 인천 시내로 팔러 나갔다. 인천 사람들도 어물을 사러 소래를 드나들었다. 만신은 신당에 연평 바다 임경업 장군을 주신으로 삼고 일월성신, 단군님, 옥황상제님, 만성수, 아미타 부처님, 관음보살님 등의 신을 함께 모셨다.

만신 집안에서 배를 부리면서 만신은 정초가 되면 뱃고사를 올렸다. 그것을 보고 동네 사람들이 하나둘 뱃고사를 부탁해 왔다. 그 후로 마을 대동굿도 모시게 됐다. 만신은 처음에는 소래 당산 신앙의 근거지인 할머니 당, 할아버지 당에서 굿을 했다. 나중에는 선착장 한가운데서 굿을 했다. 만신 집안의 배에서 굿을 할 때는 앉은굿을 했지만 대동굿을 하면서는 선굿을 했다. 일어나서 하는 큰 굿판을 벌이게 된 것이다. 작두도 타고 공수도 내렸다. 소래의 산만이 아니라 천하명산의 신령님네를 다 불러서 축원을 드렸다. 징, 상장구, 북, 피리 등 5명의 잽이와 신딸들을 데리고 굿을 했다. 선주들은 배 이름과 선주의 이름을 써 붙인 시루떡을 제단에 바치고 치성을 드렸다. 황해도 굿은 본디 24거리굿이지만 모든 거리를 다 하지는 못했다. 그래도 인시(새벽 3시~5시)에 시작된 굿은 밤 8시가 돼서야 끝났다. 굿거리는 산천거리에서 시작해 명을 주시는 칠성거리, 복을 주시는 제석거리, 성주거리, 대감거리, 장군거리로 이어졌다.

만신은 대동굿이 끝난 뒤에도 신당으로 돌아와 징, 장구를 치면서 사흘 동안 치성을 더 드렸다. 그래야 온전한 대동굿이 완성됐다. 그 후 만신은 전국 각지로 안 불려 다닌 곳이 없었다. 극장 무대에도 섰다. 사람들은 황해도 굿을 제일 좋아했다. 연희적 성격이 강해 타령도 하고 만신들도 신명을 다해서 굿을 했기 때문이다. 만신은 54년 동안이나 굿을 하며 살았다. 안음전 만신이 주관하던 풍어굿은 사라지고 이제 가을의 소래포구 축제 때면 김금화 만신이 와서 풍어굿을 주관한다.

"기독교의 하나님이나 옥황상제님이나 다 같은 하느님"

소래에서 대동굿이 사라진 것은 1995년 무렵이다. 2004년, 안음전 만신이 은퇴하기 전에 이미 소래의 대동굿은 사라졌다. 대동굿의 소멸은 교회의 영향이 크다. 하지만 풍어굿이 아주 사라진 것은 아니었다. 교회가 풍어굿을 흡수했다. 주관자가 무당에서 목사로 바뀌었을 뿐 풍어굿은 계속된다. 요즈음에도 해마다 출어 전에 소래포구 어민들은 논현감리교회에서 출어 예배를 드린다. 또 어촌계 공판장에서도 출어 예배를 드린다. 소래포구 350여 명의 선주 중에 기독교 신자가 150명으로 가장 많고 무속신앙은 50명 남짓, 나머지는 무신론자들이다. 토착 신앙을 대신해 소래포구의 주도적인 신앙이 된 기독교의 출어 예배는 지역의 큰 행사가 됐다.

어선들은 그해 첫 출어 때나 설날, 대보름이면 깃발을 올리고 출항

한다. 무속신앙이 있는 선주들은 뱃머리에 임경업 장군 기를 달고 배 가운데는 오색기를 건다. 배 후미에는 위 상(上) 자가 새겨진 깃발을 단다. 하지만 기독교인들은 임 장군 기나 오색기를 버린 지 오래다. 그래도 상기 비슷한 것을 다는데 기폭에는 상(上) 자 대신 십자가(十)를 그려 넣는다.

소래에는 배를 타는 데도 금기 같은 것이 많지 않았다. 여성들과 관련된 금기가 많은 타 지역과는 달리 소래에서는 1970년대부터 여자들도 함께 배를 타고 조업에 나갔다. 전국 각지에서 다양한 사람들이 모여들어 형성된 어촌이기에 다들 관습의 제약에서 자유로웠던 까닭이

조업 나갔다가 소래포구로 들어오는 어선들

다. 팔순의 안음전 만신은 여전히 정신이 맑다. 포구를 점령한 외래 종교에 대해서도 관용적이다. 타 종교에 배타적이지 않은 토착종교의 포용력을 보여 준다. 만신은 모든 신앙은 본질적으로 다 하느님을 믿는 것이라며 종교 간의 화해와 상생을 촉구한다. 그것은 종교인들만이 아니라 이 시대를 살아가는 모든 이들에게 전하는 메시지이기도 하다.

"하느님 안 믿는 신앙은 없어요. 부르는 이름만 다르지 다 똑같아요. 기독교의 하나님이나 옥황상제님이나 같은 분이에요. 다 같은 하느님을 믿는 거예요. 서로 한집안같이 의지해 가면서 지내야 해요."

에필로그

한국 바다의 오디세이, 파시

사람살이나 그 기록이 역사다. 하지만 사람이 살았어도 기록이 남아 있지 않으면 역사란 없는 것이나 마찬가지다. 이 나라의 섬들에는 수천 년 전부터 사람이 살았으나 섬들 대부분은 역사를 알 길이 없다. 기록이 존재하지 않기 때문이다. 어로의 역사 또한 그러하다. 파시는 이 나라 어로 활동의 역사에서 가장 중요한 사회현상 중 하나였다. 하지만 파시에 대한 기록은 희귀하다. 파시 행위가 오랜 세월 전국의 바다와 섬들에서 광범하게 이루어진 데 비해 남아 있는 기록은 극히 단편적이고 간헐적이다. 인천문화재단의 기획으로 파시의 기억이 아직 남아 있을 때 인천 지역 파시의 역사를 기록하고자 했다. 아직 채우지 못한 빈 페이지가 더 많다. 이후의 과제로 남겨 둔다.

나그네는 섬들만을 떠돌며 산 것이 8년째다. 수백 개의 섬들을 걸었고 수많은 섬사람들의 이야기를 채집했다. 섬을 떠돌면서 나그네는 의외로 많은 섬들이 화려한 역사를 간직하고 있었다는 사실을 알았다. 어떤 섬의 노인들은 자기 섬이 한때는 "개도 만 원짜리를 물고 다닐 정도"로 부유했다며 옛 시절을 그리워했다. 그런 섬들에는 대개 파시가 있었다. 지금은 노인들만 사는 작고 한적한 섬이지만 한창때는 수백, 수천 척의 어선들이 몰려오고 수천, 수만의 사람들이 찾아들어 북적였던 것이다.

 인천시 강화군 아차도는 25가구가 사는 작은 섬이다. 이 한적한 섬도 옛날에는 사람들로 발 디딜 틈 없었다. 일제시대, 조기가 서해 바다를 뒤덮었을 때는 천 명도 넘는 사람들이 거주했고 조기 철이면 파시가 열려 인산인해를 이루었다. 처마 밑으로만 다녀도 비를 피할 수 있었다니, 비좁은 땅이 얼마나 많은 집들로 가득 찼던 것일까. 이제 섬에는 막걸리 한 병 사 먹을 구멍가게 하나 없다. 알려 주지 않는다면 아차도의 흥성했던 시절을 누가 상상이나 할 수 있겠는가.

 지금은 슬로시티로 유명한 완도군 청산도는 한때 고등어 파시로 명성이 자자했다. 파시 철이면 고등어 선단은 한 번 출어로 수백만 마리

의 고등어를 잡아 왔다. 운반선으로 다 처리하지 못할 정도로 많이 잡히면 일부는 바다에 버렸다. 청산도 앞바다는 고등어 썩는 냄새에 골머리를 앓았다. 주민들은 고등어를 얻어다 소금 간을 해서 간독에 절였다. 그래도 남는 고등어들은 어비(퇴비)로 만들어 쓰기도 했다. 지금처럼 생선이 귀한 시절에 고등어 퇴비는 전설 같은 이야기다.

진도군 조도의 섬등포에는 꽃게 파시가 있었다. 한적한 포구에서 만난 노인은 섬등포에 꽃게 파시가 서던 시절 꽃게 배도 부리고 꽃게 축양장도 하고 다방까지 해서 제법 큰돈을 벌었다고 회상했다. 꽃게도 양식을 했다는 사실을 나그네는 섬등포에서 처음 알았다. 귀한 발견이다. 그때는 인천, 여수, 통영 등 전국 각지에서 200여 척의 꽃게 배들이 몰려와 북적거렸다. 앞바다에는 무역선도 떴다. 여수 금창, 충무 금창 등 수출 회사의 배들이 와서 꽃게를 수집해 일본으로 수출했다. 이재에 밝은 사람들은 해변에 축양장을 만들기도 했다. 꽃게를 팔지 않고 살려서 기르다가 값이 오를 때를 기다려 출하했다. 바다에는 아직도 축양장 시설의 일부가 남아 있다. 어느 해나 크리스마스 대목에 꽃게 값이 가장 비쌌다. 노인은 "그때는 여기 우체국이 쬐깐했어도 진도군에서 돈이 젤로 많이 들어갔다"고 "갈쿠리로 돈을 긁었었다"고 증언했다. 바람이라도 부는 날이면 꽃게잡이 배 선원들과 상인들로 포구가 미어터졌다. 그런 날은 색싯집과 다방이 호황을 누렸다. 작은 포구에 술을 따르는 작부들만 100명이 넘었다. 꽃게 위판장이 진도 서망항으로 옮겨가면서 어선들도 떠나고 장사꾼들도 떠나고 섬등포는 적막한 어촌이 되고 말았다.

신안군 재원도 파시의 역사도 길다. 재원도에는 민어 파시와 병어·부서 파시가 연이어 섰었다. 1980년대 중반 재원도 파시 때는 "주점이 19개, 다방이 6개였고 아가씨들은 모두 126명이었다". 선원 중에는 "아가씨 빚을 갚아 주고 고향으로 데려가 사는 사람"도 더러 있었다. 우이도 바다에서 만났던 민어잡이 어선 문승갑 선장도 스무 살 무렵부터 재원도 파시를 다녔다 했다. 그는 1984~1985년 무렵 파시가 가장 크게 번성했던 것으로 기억했다. 선원들은 술을 "주로 소콜로" 마셨다. 소주 반 되에 콜라 한 병을 섞어서 마시는 콜라 폭탄주. "색시 끼고 하룻밤 날 새기로 술 마시고 잠까지 잘 수 있는 비용"이 당시 돈으로 1인당 2만5천원. 소주와 양주도 많이 마셨고, 맥주·양주 폭탄주도 제조해 마셨다. 안주는 과일이나 건어물. 폭탄주가 몇 순배씩 돌면 "다들 맛이 갔다". 바가지도 많았다. 몰래 빈 병을 가져다 놓고 바가지 씌우기 일쑤였다. 재원도 파시는 1989년 무렵에 막을 내렸다.

파시에는 구구절절 사연도 많았다. 재원도에서 만난 어떤 선원은 흑산도 파시에 갔다가 술집 색시와 사랑에 빠져 버렸다. 전주 아가씨였는데 배에 올라오면 밥 해 주고 빨래까지 다 해 주고 갔다. 한 3주간 밤낮으로 붙어서 연애를 했다. 색시는 노부모의 병원비를 마련하기 위해 술집을 다니다 흑산도까지 팔려 왔다고 했다. 그 소리를 듣고 피눈물이 나서 빚 700만 원을 갚아 주었다. 1980년대 중반이었으니 아주 큰돈이었다. 색시는 흑산도를 빠져나간 뒤에도 자주 연락을 해 왔다.

돈을 갚지 못하는 것을 미안해했다. 사내는 여자에게 돈을 안 갚아도 좋으니 다시는 술집 나가지 말고 부모님 모시고 잘 살라고 당부했다. 그 후 여자의 소식은 알 길이 없다.

   신안 임자도 타리섬은 민어 파시로 유명했다. 일본의 규슈 사람들은 목포는 몰라도 타리섬은 안다고 할 정도로 유명한 섬이었다. 타리 파시 때는 임자 본섬과 타리섬 사이 바다에 배가 꽉 차서 배다리로 건너 다녔다. 타리 파시에는 갖가지 슬픈 사연들이 전해진다. 그중에서도 타리 기생 이야기는 너무도 애절하다. 일본 어부에게 조선 기생 한 사람이 맞아 죽었다. 기생들은 주재소로 몰려가 항의했지만 살인자는 처벌받지 않았다. 식민지 백성의 비애였다. 파시 촌에 있던 타리 기생 30여 명은 동료의 원한을 풀 길이 없자 다 함께 양잿물을 먹고 자결했다고 전해진다. 선원들과 섬 주민들은 해마다 타리 파시 때면 기생들의 넋을 위로하는 제사를 올렸다. 기록은 없고 임자도 하우리 마을 노인들을 통해 구전으로만 전해지는 이야기다.

 부안군 위도는 옛날부터 부자가 많기로 유명했다. 엽전으로 수십 리 떨어진 왕등도까지 다리를 놓겠다고 호언하던 안동 장씨 부자 이야기, 일본과의 무역으로 떼돈을 번 위도 바로 앞의 식도 송 부자 이야기 등 전해오는 부자 이야기가 유독 많다. 안동 장씨 부자의 축재 과정은 불분명하지만 송 부자가 부를 축적한 것은 청어잡이였다. 위도 파시는 연평도, 흑산도 파시와 함께 서해안 3대 파시로 유명했다. 봄이면 위도에는 수천 척의 조기잡이 배가 몰려들었고 파장금항에 파시가 섰다. 파장금항에는 선구점, 이발소, 다방, 세탁소, 의상실, 식당, 술집 등 많은 가게들이 문을 열었다. 수십 개의 술집에 색시들만 2백 명이 넘었다.

 1985년 여름, 서울 영등포역 앞에서 젊은 사내 하나가 유서를 남기고 음독했다. 사내는 선원이었다. 사내는 위도 파시 때 색싯집을 단골로 들락거렸고 거기서 한 색시와 눈이 맞았다. 사내는 여자를 깊이 사랑했다. 여자는 빚이 많았다. 포주들은 화장품이나 의상비 등으로 빚을 지게 만들었다. 손님이 없을 때는 밭도 매고 나무도 해 오게 하며 가혹하게 부렸다. 사내도 돈이 없었다. 사내는 여자의 빚을 갚아 주기 위해 서울 사는 형제들에게 돈을 빌리러 갔다가 거절당했다. 여자를 구해 낼 방법이 없어지자 사내는 절망에 빠졌다. 술을 마시고 유서를 썼다. 여자의 억울함을 호소하고 구해 달라고 하소연했다. 사내는 살아서 사랑을 이루지는 못했지만 목숨을 던져서 사랑하는 여자를 구해 냈다. 그 후 위도 파장금에서는 경찰의 단속으로 색싯집이 사라졌다. 정박하려던 어선들도 색싯집이 없는 것을 알고 뱃머리를 돌렸다. 파장금도 차츰 쇠락의 길로 접어들었다.

한국 바다와 섬에는 사라진 어업의 역사와 수많은 이야기가 숨겨져 있다. 파시는 그대로 묻어 버리기에는 너무도 아까운 이야기의 보물 창고다. 하지만 파시의 소멸과 함께 파시의 이야기와 역사도 잊히고 소멸되어 가고 있다. 마지막 남은 파시의 흔적들도 사라져 가고 있다. 나그네는 연평도 포격 사건 뒤에 연평도를 다녀온 적이 있다. 연평도에 다시 들어갔던 날, 나그네는 연평도 어업조합 건물부터 찾았다. 눈에 띄지 않았다. 1930년대에 건립되어 여전히 연평도 수협 사무실로 쓰이던 건물. 파시 철이면 하루 출납고가 한국은행 출납고보다 많았다던 역사적 건물이 아니었던가. "연평도 어업조합장 하지 황해도지사 안 한다"던 그 연평도 어업조합의 건물이 아니던가. 진작 문화재로 지정되었어야 마땅한 건물이었다. 그런데 그 건물을 찾을 수 없었다. 폭탄에 파괴된 것일까? 가슴이 덜컥했다. 하지만 아니었다. 어업조합 자리에는 수협의 번듯한 새 건물이 들어서 있었다. 조합 건물을 파괴한 건 북한의 폭탄이 아니었다. 연평도 조기 파시의 장엄했던 역사를 증거해 줄 마지막 유물을 파괴한 것은 우리들의 천박한 역사의식이었다.

연평도 어업조합 건물처럼 사라져 버린 파시의 유물들이 얼마일까? 파시를 경험했던 세대의 죽음과 함께 묻혀 버린 이야기들은 또 얼마일까? 이 땅에서 흔적도 없이 사라져 가는 것이 어디 파시뿐이랴마는, 섬을 기록하는 나그네는 파시의 역사가 아주 소멸해 버릴 것이 안타깝다. 더 늦기 전에 전국의 섬과 포구에 남아 있는 파시 유물들의 보존

방안이 마련되고 그 소중한 기억들이 기록으로 온전히 복원될 수 있기를 소망한다.

참고 문헌

- 『자산어보』(정약전, 지식산업사)
- 『어류박물지』(정문기, 일지사)
- 『택리지』(이중환, 을유문화사)
- 『우해이어보』(김려, 다운샘)
- 『조선왕조실록』
- 『신증동국여지승람』(민족문화추진회)
- 『지도군총쇄록』(오횡묵, 신안군)
- 『조기에 관한 명상』(주강현, 한겨레신문사)
- 『관해기2』(주강현, 웅진)
- 『제국과 상인』(이승렬, 역사비평사)
- 『한국과 그 이웃 나라들』(이사벨라 버드 비숍, 살림)
- 『한국 서해도서』(국립박물관, 을유문화사 1957)
- 『덕적군도 종합 학술 조사』(인천 시립박물관, 2002)
- 『덕적도사』(김광현, 덕적도사 편찬위원회)
- 『인천광역시사』(인천시)
- 『인천의 지명유래』(인천시)
- 『수인선』(철도청)
- 『인천의 땅이름』(가천 문화재단, 1988)
- 『대도시 주변 관광 어촌 발달에 관한 연구』(석사논문, 2003.3 조계영)
- 『옹진군지』(옹진군)
- 『옹진군 향리지』(향리지 편찬위원회, 1966)
- 『연평도와 석수어』(이태현, 야곱 문화사)

- 『연평도 군사』(해병대 연평부대, 2008)
- 『연평어장 조사자료집』(목포대 도서문화연구소, 2008)
- 『향토지 연평도』(정창권)
- 『인천 개항장 풍경』(인천시 역사연구실)
- 『인천 한 세기』(신태범, 흥송 출판사)
- 『인천의 섬』(인천역사문화연구실)
- 『역주 인천항』(인천 상공회의소, 1931)
- 『격동 한 세기 인천 이야기』(다인아트)
- 『인천 개항사』(나채훈, 박한섭, 미래지식)
- 『일본 민속학자가 본 1930년대 서해도서 민속』(에틱 박물관 엮음, 민속원)
- 『역주 인천 사정』(아오야마 고우헤이 저, 인천역사문화연구실)
- 『인천부 읍지』(1899)
- 『동국여지도』(1656)
- 『여지도서』(1760)
- 『여도비지』(김정호, 1856)
- 『고기잡이여행』(정기태, 바보새)
- 『협궤열차』(윤후명, 동아출판사)
- 『남도의 맛과 멋』(송수권, 창공)
- 『파시』(박경리, 나남출판)
- 『섬으로 흐르는 역사』(김영희, 1999)
- 『어류 대도감』(스티븐 허친슨, 2007)
- 『우리를 둘러싼 바다』(레이첼 카슨)